正誤表

表Ｉ－2および34頁に誤りがありました。
正しくは下記です。訂正してお詫びいたします。

（誤）

資産（10億＄）
15.50（1860億円）
10.70
9.10
6.40
5.20
5.00
4.70
3.40
3.30
2.80（336億円）

→

（正）

資産（10億＄）
15.50（1兆8600億円）
10.70
9.10
6.40
5.20
5.00
4.70
3.40
3.30
2.80（3360億円）

34頁の12行目
（誤）「一二〇円で計算しておよそ一八六〇億円」
（正）「一二〇円で計算しておよそ一兆八六〇〇億円」

老老格差

橘木俊詔

Tachibanaki, Toshiaki

青土社

老老格差　目次

老老格差

はじめに

一部の根強い反対論とか、それを無視する人々の存在することは事実であるが、日本が格差社会の中にいることへの大方の合意がある時代である。人間社会の常として恵まれた人と恵まれない人の格差が発生することは避けられないとみなして、格差の是正に関心のない人もいる。格差の発生は人間社会の不条理であるという見方に筆者も同意するが、その格差をできるだけ小さくする努力も必要ではないか、というのが筆者の思いである。

本書は格差の中でも高齢者間の格差に特化して、その格差の実態を様々な角度から分析して、それを小さくできる政策を考えることが目的である。高齢者は老人とも呼ばれるので、高齢者間に見られる格差を「老老格差」という名称で代表させた。既に「老老介護（老人が老人を介護する）」という言葉が市民権を得ているので、「老老格差」という言葉を用いたのである。

格差に注目すれば誰でも思いつく変数は、所得と資産である。所得分配や資産分配の格差、ないし不平等がどの程度あるのか、本書ではそれを詳しく検討した。人々が経済生活をする上でどれほどの所得ないし資産があるのかはもっとも関心の高いことなので、それらをていねいに高齢者間に関して分析するものである。

高齢者に特化するとき、分析の視点はいくつかある。第一に、過去と現在、そして将来を見越したとき、所得や資産の格差はどう時系列的に変化するのか。第二に、高齢者ではない他の世代の人々、すなわち若年者や中年者との比較。第三に、高齢者の場合には配偶者を失って単身になる人が必ずいるが、夫婦健在のときと単身になったときの差、さらに誰と同居する（あるいは誰とも同居しない）か、といったことの効果、などが重要な視点となる。本書ではこれらの視点を考慮しながら格差の分析を行ってみる。

人生をたどったとき、高齢者には他の年齢層とは異なる現象がある。第一に、ごく一部の人を除いて労働から引退するので、所得の源泉は主として年金となる。人によって年金額の大小が当然のごとく存在して、その実態と発生理由は注目の的となる。第二に、若年・中年と比較して病気にかかる確率は高く、要介護になる可能性がある。人間の宿命としていつかは人生の幕を閉じるときを迎えるが、どのように最後を迎えるかに直面しているだけに高齢者にとっては医療、健康、介護といったことが当然の大きな関心となる。第三に、離婚の多い時代となって熟年離婚もその例外ではないので、その原因と結果に注目する。なぜなら生活において結婚・離婚というのは経済学的に考えても重要なものだからである。第四に、高齢者の自殺も発生しているので、その現状を把握して格差がからんでいるのかに注目する。

以上は様々な角度から高齢者の間に横たわる老老格差の分析視角と論点であり、本書においても詳しく分析する。さらに加えて本書で強調したい新しい視点は次のようにまとめられる。

第一に、世の中は「下流老人」という言葉が流布して、格差の最下層にいる高齢者が話題となっているが、本書ではその一方の極にいるもっとも恵まれた高齢者にも注意を払う。すなわちかなり高い所得の人がいるし、特にものすごい額の資産を蓄積した人もいることを明らかにして、老老格差は他の世代よりも大きな格差となって出現していることを示す。その象徴は、資産保有額ゼロの高齢者と資産保有が何十億円にも達する高齢者によって対比される。この対比によってこれら両者の間の生活状況や安心感に大きな格差のあることは当然である。

第二に、老老格差は人々が年老いてから突如として出現したことではなく、人の一生の生まれたときから年をとるまでの人生何十年かの長い蓄積の結果である。その間に人は、教育を受け、働いて稼ぎ消費と貯蓄を行い、結婚して子どもを持ち育て、そして引退して老後の生活をしているのである。老後の所得や資産はそこに至るまでの幼年、少年、青年、中年、壮年のときに何をしていたかという諸活動が積み重なった成果なので、それぞれの時代に何をしていたかに格別の注意を払う必要がある。ここでは教育、勤労、賃金、社会保険料、結婚などに注目して、それらのことが老老格差の存在とどう関係づけられるかが関心となる。

特に注目する事象は、前の世代から授受される遺産のことである。世代間で資産が移転される現象は、子どもの人生のスタート時点で機会の平等を阻害している側面がある。遺産を容認する考え方として、親子間の愛情と職業継承を考慮に入れながら、遺産のことを評価する。

第三に、老老格差を分析するとき、他の世代との関係が話題となる。例えば年金制度であれば賦課方式を前提とすれば、現役で働いている非高齢者世代の保険料拠出が必要である。人口の少子・高齢化の進む日本では、世代間の損得論議や再分配政策が登場する。この問題をどう考えればよいのか、自説を披露しながら望ましい政策を提言する。

最後に、かなり激しい老老格差の存在する日本であることがわかった上で、できるだけその格差を小さくするための政策を考える。経済学者という立場から、経済効率性を阻害しないような政策、すなわち効率性と公平性の双方を満たせるような政策を念頭においた。特に高齢者に関しては、残りの人生が一〇年、二〇年であることをふまえて、その間に解決すべき短期的な視点からの政策論議を主に行う。また、そうした視点だけでなく長期的な視点からの政策議論も行う必要がある。なぜなら、いま二〇代から五〇代の人々もいずれは高齢者になるからだ。そうした世代の人々が高齢者になったときに大きな老老格差がないようにするための、長期的な視点からの政策論議をも行う。それではさっそくはじめよう。

第Ⅰ部　高齢者の経済学事始

第1章　高齢者の所得格差は本当に拡大しているのか

高齢者とは

人間の一生を、主として年齢で区分すれば、幼児期、少年期、青年期、中年期（あるいは壮年期）、高年期と大別できよう。人生で何をしている時期なのかという区分も可能である。その場合には、被扶養期、学齢期、勤労期、引退期というように区別できよう。

後者の区分に応じて筆者は『ライフサイクルの経済学』（ちくま新書、一九九七年）を書いた。生誕と教育、就労と報酬、転職か昇進か、結婚と家族、消費と貯蓄、引退後の生活、という六つの章で構成され、人々がそれぞれの時期にどのような経済活動をしているかを分析した。つまり、人の一生を生まれてから死ぬまで追ったものといえるだろう。

さて、本書で主要なテーマとして論じていきたいのは、人の一生のなかでも最後の引退後の生活である。先に言ってしまえば、重要なことは、最後の引退後の生活は引退後の生活だけを見ても分からないという点だ。なぜなら老後はそれ以前の五つの人間活動の集積として出現しているからである。換言すれば、引退後の生活においては、引退するまで何をしてきたかが重要なのである。

高齢者という言葉に関しては、先にみた前者の年齢に応じた区分であれば、青年期や壮年期と比較すると身体や思考能力に衰えが目立つ世代であり、何をしているかという後者の区分であれば働いていないので、勤労による収入がない世代となる。

ここで人間は何歳から高齢者なのかという疑問が出てくるだろう。これは、前者の区分と後者の区分で異なるといえる。むしろ、肝心なことは個人個人によって高齢者の定義は、大きく異なるということだ。前者の区分であれば人口学の立場からの定義が明確である。例えば、国連では六〇歳以上、国連の一機関である世界保健機構（WHO）では六五歳以上が高齢者とされる。国際機関によってすら高齢者の年齢が異なるのであるから、後者の区分に従えばそれこそ種々の定義、見方がある。日本における高齢者の定義として代表的なものに、企業や役所が雇用を打ち切る定年年齢や、年金支給開始年齢がある。定年に関しては一昔前は五五歳、その後、平均寿命の延びに応じて六〇歳となり、今は六五歳が目標となっている。理想を述べれば、定年年齢と年金支給開始年齢がリンクしているのが望ましい。日本では年金の支給開始年齢が年金の種類によって異なるので、どの年金制度に加入しているかによって高齢者の定義が異なる。また別の例としては、引退年齢と関係していることでもあるが、健康保険制度での扱いが年齢によって異なることで示される。すなわち、前期高齢者が六五～七四歳、後期高齢者が七五歳以上とされており、高齢者といっても一定ではなく、その中でさえ区別がある。

このように高齢者にはさまざまな定義があるが、本書では、人口学の見地に忠実とし、しかも日本の統計では六五歳以上を高齢者として扱っているので、六五歳以上の人を高齢者とみなす考え方を基本とする。しかし本書が経済学を主とした分析手法としているので、経済活動に応じた年齢区分にも注意を払う。例えば、年金、医療、介護、独居老人といったことに関する記述では、六五歳以上ということにこだわらない。なぜなら、それ以前の年齢の人にとっても起こりうることであり、また一方で、それ以後の年齢の人にとって無縁なこともありうるからである。

高齢者間の所得格差はむしろ縮小

後に示すように高齢者に貧困家庭が多いことはよく知られている。高齢者の多くが苦しい経済状況に追い込まれているので、高齢者間の所得格差は拡大しているに違いないと予想できる。すなわち、もともと高齢者間の所得格差は若年や中年の年代層の人々の間における格差と比較すれば大きいのであるが、格差社会と叫ばれる今の世の中であれば、それがますます拡大しているのではないか、という予想が可能である。

この予想が正しいかどうかを所得データで確認しておこう。図I—1は、世帯主の年齢階級別に所得格差が時代とともにどう変化したかを示したものである。一九七〇年代の後半から二〇一〇年前後の三〇年間にわたって、年代別と全年齢のジニ係数の推移を示したものである。ここでジニ係数とは、完全平等のとき0、完全不平等のときに1の値をとり、係数の値の大きいほど分配がより不平等、あるいはより格差が大きい状態を示す統計値である。ちなみに、イタリア人の統計学者であるコッラド・ジニが考案した統計指標なので、ジニ係数と呼ばれている。

この表でわかることは次の点である。まず、もっとも重要なメッセージであるが、六〇歳代、七〇歳以上という高齢世代における所得格差は、ジニ係数の下落が示すように時代とともに予想に反して拡大よりもむしろ縮小傾向にある。特に七〇歳以上の高齢者間の所得格差の縮小が大きい。

この高齢者間の所得格差縮小の理由を考えれば、次の要因が挙げられる。

第一に、ここでの統計で用いられる標本は、家族人数が二人以上の家計に限定されていることに留意したい。夫ないし妻が死亡し、かつ子どもと同居していない単身の高齢者、あるいは結婚せずに未婚で単身の人はここでの標本に入っていない。これは大きな意味をもつ。高齢単身者の所得の低いことを後に報告するが、ここではそれらの低所得の人が標本に入っていないので、どちらかといえば同質の高齢者が多い。

第二に、その効果を端的に示す事実は、過去何十年間にわたって日本の社会保障制度は充実の方向にあったので、税・社会保障制度による再分配後所得は、平等化が進行したのであった。年金、医療、介護といった社会保障制度はヨーロッパほどの水準には達していないが、まがりなりにも充実してきたので、社会保障給付による再分配効果が強まって、高齢者間の所得格差が縮小したのである。

その証拠として、三〇歳未満や三〇歳代、そして最近の四〇歳代に注目すると、世の中で言われているような格差拡大の進行していることがわかる。これはこれらの世代は社会保障制度（特に年金制度）の恩恵を受ける世代ではないため、と理解してほしい。そしてそのすべての年齢階級を総和した平均で評価すれば、ジニ係数は増加の傾向にあるので、日本の所得格差の全体像は拡大しているという結論に変化はない。

第三に、とはいえ、同じ年代間の所得格差に注目すれば、高齢者間の所得格差の方が若年・中

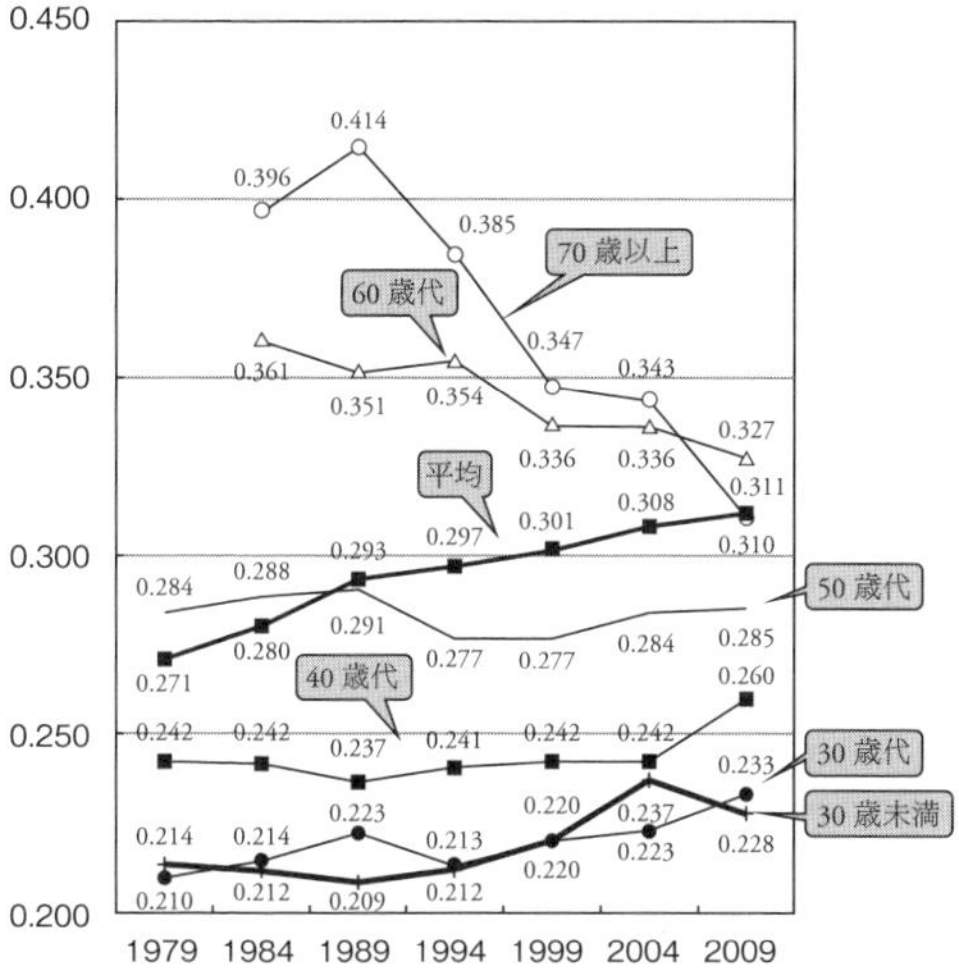

（注） 2人以上の一般世帯。1979 ～ 94 年の各年齢階級の値は 2 つの 5 歳階級の値の平均値。年間収入（税込み）が対象であり。退職金、土地・家屋、株式などの財産売却によって得た収入及び相続した預貯金など一時的な収入は除く。

資料：総務省「全国消費実態調査」

図Ⅰ－1　世帯主の年齢階級別の年間収入の格差（ジニ係数）の推移

年者間の所得格差よりもかなり大きいという事実が、過去から現在まで続いている。すなわち、高齢者間の貧富の格差が若年・中年層間における格差よりもいつの時代でも大きいのであり、時代の変遷によってその格差が縮小したことが図によって示されているにすぎないのである。そしてその年代間の格差が今後も逆転することはないと予想できるので、高齢者間の所得格差はいつの時代においても他の世代のそれよりも大きいのである。

図I―1が家族の人数が二人以上の家計に限られていることの効果を除去するために、家族人数で調整した「等価所得」を用いての所得格差の変遷を年齢別と時代別に見てみよう。図I―2がそれを示したものである。「等価所得」で評価された所得の方が、家族人数を考慮しているので生活水準の実態をより正確に示すものとみなせるのであり、生活水準の現実に近い所得分配の現状として、図I―2は図I―1よりも価値が高い。もっとも単純な方法は、家計所得を家族人数で割った一人あたりの所得が「等価所得」となる。学問的にはその調査方法はもう少し複雑である。なおこの二つの図の元のデータソースは違うことに留意されたい。

この図で読み取れることは次の通りである。第一に、前の図と同様に、高齢者（ここでは「～六四歳以上」）に関しては二〇〇二（平成一四）年から二〇〇八（平成二〇）年の六年間にかけて、所得格差の縮小が進行したことがわかる。ただし例外は七五歳以上である。七五歳以上に関しては、二〇〇八年になると以前よりも格差拡大が進行したのである。

第二に、これも前の図と同様に、高齢者間の所得格差の方が、若年・中年層間の所得格差より

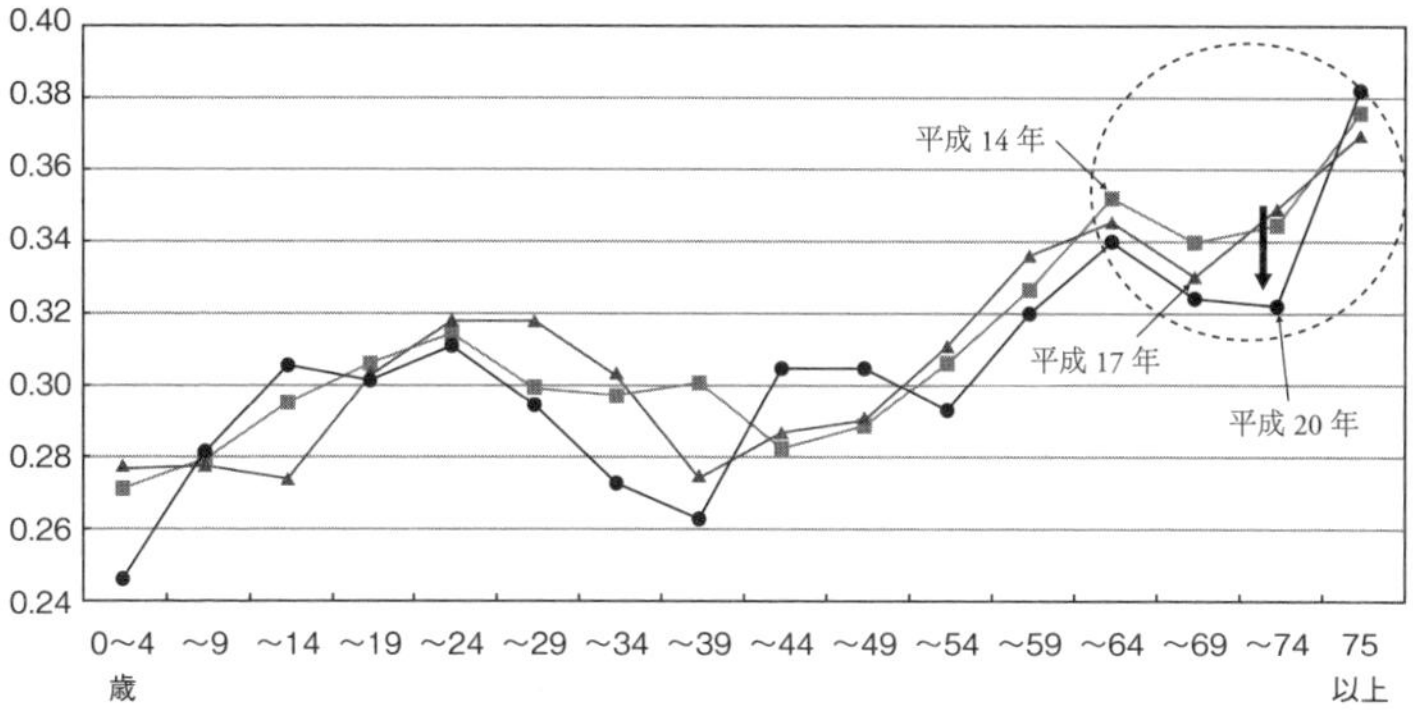

資料：厚生労働省「所得再分配調査」
※ 「再分配調査」とは、当初所得から税金、社会保険料を控除し、社会保障給付（現物、現金）を加えたもの。

図Ⅰ－２　年齢階級別ジニ係数（等価再分配所得）

も大きいことが、すべての時期において成立している。

以上の結果をまとめると次のようになる。高齢者間の所得格差が若年・中年層間の所得格差より大きいという事実は、過去から現代まで変化することはなかったが、高齢者間の格差は縮小の傾向にあった。このことは格差社会の進行が叫ばれる中で意外な印象かもしれないし、「下流老人社会」などとマスコミが大々的に報道している現状の中で、矛盾していることではないか、と思われる向きもあるかもしれない。

ここからは、本当に意外なことなのかどうか、そして世の中で言われていることは事実に立脚していない誇張にすぎないことなのかを、慎重に検討していきたい。

格差とは

ここで格差とは何かを簡単に論じておこう。格差には「結果の格差」と「機会の格差（あるいは不平等）」があることを理解しておきたい。前者は人々が経済活動の成果として獲得した所得や資産の大小に注目する概念であり、もっともわかりやすいのは、貧富の格差とか、高所得者と低所得者の格差、あるいは高資産保有者と低資産保有者の格差ということになる。

後者は所得や資産を得る前の前提なり条件に注目するものである。例えば人には教育が平等に与えられていたかとか、採用や昇進に際して平等な機会が与えられているか、といったことが関心となる。本書は高齢者の経済活動の成果から生じた格差が主たる関心なので、結果の格差が主要な注目点ではある。とはいえ、高齢者が年金、医療、介護といった保険制度に平等に現役時に加入できたかとか、現在加入できるか、あるいは生活保護支給は平等に受け取られているか、といった機会の格差にも注目する。機会に関しては、格差という言葉よりも機会の平等・不平等という言葉の方がふさわしいかもしれない。

なぜ結果と機会を峻別する必要があるのかといえば、次の二つの要因がある。第一に、機会の平等（例えば教育）が担保されていれば、すなわち、すべての望む人が平等に教育を受けることができるなら、人々の資質にそれほど大きな差がなくなるので、勤労による賃金・所得格差は本人の能力・努力に依存するところが大きくなるのであり、結果の格差を問題にしない、という考え方がありうる。人々の多くは頑張る人と怠けている人の間に賃金・所得差の生じることには、それほどの抵抗感はない。困難なことは、その人の生まれつきの能力（頭の良さや体力の強さなど）の差についても考慮の対象になるということだ。しかしこれは大きな課題なのでここでは論じない。

第二に、人々の多くは機会の平等・不平等に関してはできるだけ平等性の高いということにかなりの合意があるが、結果による所得・資産格差に関しては個人によって見方がかなり異なる。すなわち、貧富の差はあってよいという人から、いやそれは望ましくないという人まで、様々な考えをする人がいるので、格差に対する考え方は人々の価値判断に依存するのである。

結果の格差における三つの視点

結果の格差を分析するに際しては三つの視点がある。所得や資産の分布といった経済格差に関して、どういう人に注目するのか、あるいは焦点を当てるのかが分析をする際の分岐点となる。

まず第一に、高所得・高資産保有者に注目して、それらの人の所得額や資産額の高さがどれほどなのかを明らかにし、さらにそういう人が総人口のうちどれほどの割合で存在しているかを分析する。いわゆるお金持ちが多くいることの是非が論点である。

第二は、既に高齢者の所得格差のところで少し述べたことであるが、高所得者と低所得者の間でどの程度の所得差があるかに注目して分析する。いわゆる上と下の相対的な格差に注意を払い、例えば既に紹介したジニ係数の値によって相対的な格差の大小を比較するのである。換言すれば、貧富の差がここでの関心事である。

第三は、低所得・低資産保有者に注目して、こういう人々の生活実態がどれほど苦しいのかを明らかにし、総人口の中でどれほどの割合でそういう人がいるかを分析する。さらに生活していけない人々の所得はどれほどの額であるか、これを貧困線と呼ぶが、貧困線の推定もこの分野の仕事である。要は低所得、あるいは貧困で苦しむ人々に最大の関心を寄せるのである。

ここに列挙したテーマ、どれがもっとも格差の問題として重要なのか、個人によって、あるいは分析者によって判断が異なる。例えば最近話題となったフランスの経済学者、トマ・ピケティによる『21世紀の資本』（みすず書房、二〇一四年）では、資本主義経済において発生が不可避の高所得者と高資産保有者の数が増加中であることを示した上で、それを批判している。ここで理解しておきたいことは、どのテーマを選択するにせよ、背後には何らかの価値判断があるということである。ピケティは高所得・高資産は好ましくないという価値判断があるからこそ、高い所得税率や資産税率をそれらの人に課すべきと主張したのである。一方で、高所得・高資産の人は経済活性化の向上に貢献していると考えて、そういう人の存在を否定しない考えの人もいる。

第二の相対的な所得格差、あるいは貧富の格差については、様々な価値判断がありうる。すなわち、経済効率性の達成のためにはある程度の所得格差を容認せざるをえないとする人から、所得格差の大きなことは人々に貧富の格差を強要することになるので好ましくないとする人もおり、人間社会のあり方に関する好みに応じた見方はいろいろである。

第三の低所得・低資産保有に注目する人は、人間社会において貧困の存在は好ましくないと判断する場合が多いが、なかにはそういう貧困者は主として怠惰が原因で発生することなので、経済支援をする必要はないと判断する人もいる。私自身の好みを述べれば、憲法や人権のことを持ち出すまでもなく、世の中から貧困者をなくすことがもっとも望ましいと考えているので、どちらかといえば第三の視点を重視する。とはいえ第一と第二の視点を無視すべきとはまったく思っていない。

このようにしていずれの視点ないし基準をとるにしても、所得格差の問題を議論するときは、人々の価値判断と無縁ではないことをわかっておこう。ついでながら日本に関しては、それぞれの視点に関して筆者が分析成果を世に問うている。第一に関しては『日本のお金持ち研究1・2』（森剛志と共著、日本経済新聞出版社）、第二に関しては『日本の経済格差』『格差社会』『21世紀の日本の格差』（いずれも岩波書店）、第三に関しては『日本の貧困研究』（浦川邦夫と共著、東京大学出版会）、『貧困社会ニッポンの課題』（人文書院）がある。興味のある方は参照されたい。

資産格差がより深刻

高齢者の所得格差の実態についてはわかった。次の関心は資産（あるいは貯蓄）格差である。高齢者の所得のうち主たる所得の源泉は年金などであるが、それだけでは十分に満足のいく生活を送れるとは限らないので、その場合は保有する資産から得られる所得（例えば貯蓄の取り崩し、利子・配当など）で補填する必要がある。そこで老老格差を考えるにあたり、高齢者がどれほどの資産を保有しているかを知っておくことは重要である。

まず、高齢者を含めて、日本人がどれほどの資産を保有しているかを見ておこう。図Ⅰ―3はごく粗い年齢別に貯蓄・負債・収入・持家率を示しているものである。日本人の一生におけるライフサイクルがどのように進行するかがわかるので興味深い。まず収入に注目すると、若年層で四四〇万円であり、その後になって年功序列制の特色から年齢を重ねるとともに収入は、増加していく。ピークは五〇歳代の七九三万円となり、その後は減少に向かう、七〇歳を超えると五〇〇万円にも満たない額となっている。所得（収入）は年齢に応じた山型であることがわかる。

資産（貯蓄）に注目すると、若年のときは三〇〇万円にも満たない少額であったが、年齢を重ねるとともに増加していき、ピークは六〇歳代の二三六三万円という額になる。収入の伸びより大きいのであるが、これは所得の収入のうち一部を貯え、それが蓄積されていく性質（それをストックと呼ぶ）だからである。なお収入のことはフローと称される。ストック・フローは経済学上の用語である。なお七〇歳代になると貯蓄の取り崩しが始まるので、貯蓄額は六〇歳代よりもストック額が減少する。

負債額に注目すると、三〇歳代から四〇歳代にかけて負債額がピークに達しているが、これは住宅取得による住宅ローンの負債額が大きいからである。一人の人間の一生のライフサイクルからすると、この年代において住宅を購入する人が多いことを示しているし、この年齢では結婚したり子どもを持つので生活費や教育費の増加が見られる時期でもある。その証拠として、持家率が三〇歳代から上昇を示し、その後単調に増加していることでわかる。年齢別の資産格差に注目すると、この図から得られる重要なメッセージは、人の一生で若い頃は資産保有額が少なく、その後、資産は増加の一途をたどるのであり、ピーク時にはかなりの額の資産保有額となるということだ。若い時は二八二万円だったものが六〇歳代には二三六三万円となる。これは年代間で比較するとおよそ八倍強の資産格差となる。

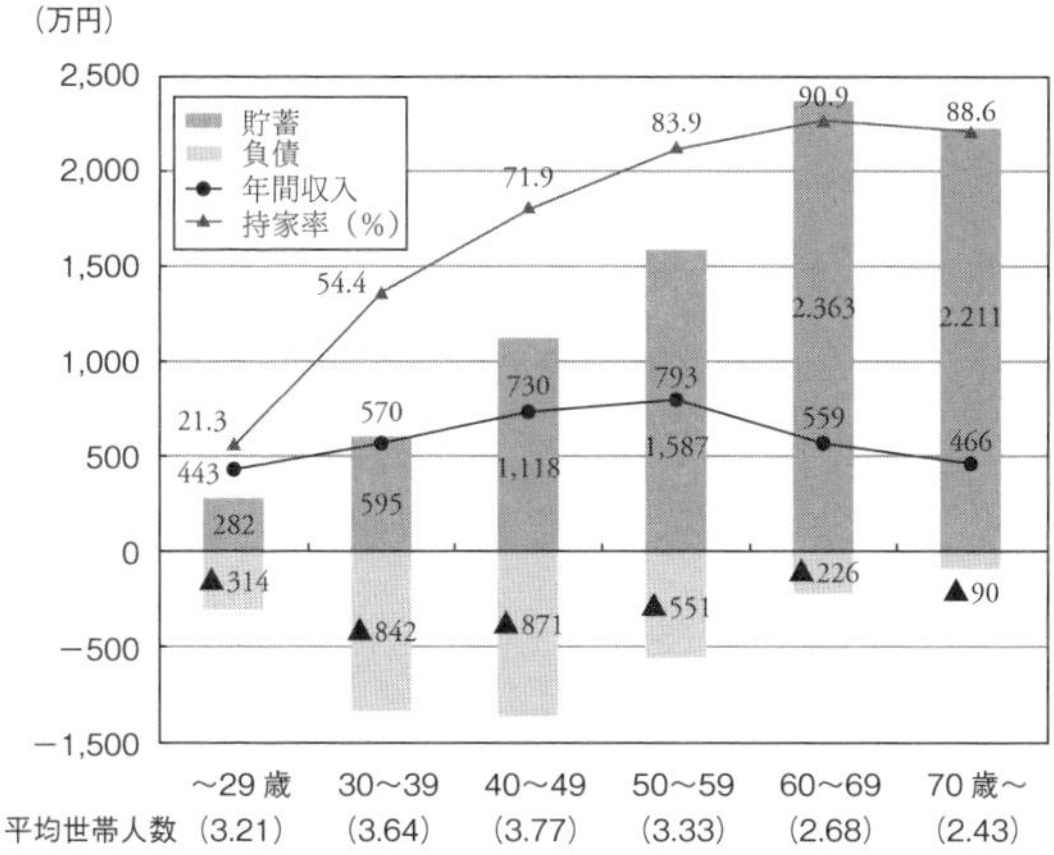

資料：総務省「家計調査（二人以上世帯）」(平成23年)

図I−3　世帯主の年齢階級別1世帯当たりの貯蓄・負債、年間収入、持家率

若年者と高齢者の資産格差が八倍強の大きさというのは一見驚くべき格差のように映るが、これは人間の一生を考えれば自然と発生する差なのでそう不自然な格差ではない。すなわち年をとれば貯蓄額、あるいは資産額は増加するのである。しかし、ここで見てきた数字は全家計の平均値によるものであり、平均値ではなく個々の家計の数字にこだわると、もっと驚くべき結果が示される。ここで高齢者間の資産分布を分析してみよう。

図I―4は高齢者の資産分布がどのようになっているかを示したものである。年齢に関しては六〇歳代と七〇歳以上の二つを考慮し、資産保有額に関してはゼロ保有（すなわち無資産保有）から三〇〇〇万円以上という高額保有者まで、資産階級を一二階級に区分して資産分布を示したものである。

この図でもっとも強調すべきことは、資産を保有していない人が六〇歳代で三〇％、七〇歳以上で二八・四％も存在する。人生には病気、ケガ、災害などいろいろなリスクが発生するのであるが、こういう不測の事態が発生したときに資産を保有していない人は当然支払えるお金がない。また年金額だけでは食べていけない人にとって貯蓄のないことは、そのまま生活苦を強いられることになるのは明らかである。

ここで人々は何を目的にして金融資産（貯蓄）を保有するのかを知ったうえで、いかに資産保有のない人が人生で苦労する可能性の高いかということを認識しておこう。表Ⅰ―1は人が金融資産をなぜ保有するのかをそう思う人の割合によって示したものである。この表は高齢者だけが回答者ではないので、高齢者だけの気持ちを示したものではなく、老若の世代を問わず人間全体の気持ちを代弁している。

この表によると、人々が貯蓄する理由で最も多いものは六五・八％の老後の生活資金用である。次いで六三・八％が病気や不時の災害への備えと回答している。これら二つは他の理由よりはるかに高い比率である。ここから高齢者のみならず、若年・中年層の人にとってもこれら二つが重要な理由である、と解釈すべきである。第三位は子どもの教育資金の三〇・二％であるが、これ

表Ⅰ－１　人は何を目的にして金融資産を保有するのか

（複数回答によるもので、それぞれを挙げた人の割合）（%）

老後の生活資金	65.8
病気や不時の災害への備え	63.8
子どもの教育資金	30.2
特に目的はないが保有しておれば安心できる	21.5
住宅の取得ないし増改築の資金	14.0
耐久消費財の購入資金	13.8
旅行・レジャーの資金	12.1
子どもの結婚資金	7.1

出所：金融広報中央委員会『家計の金融行動に関する世論調査』2013年

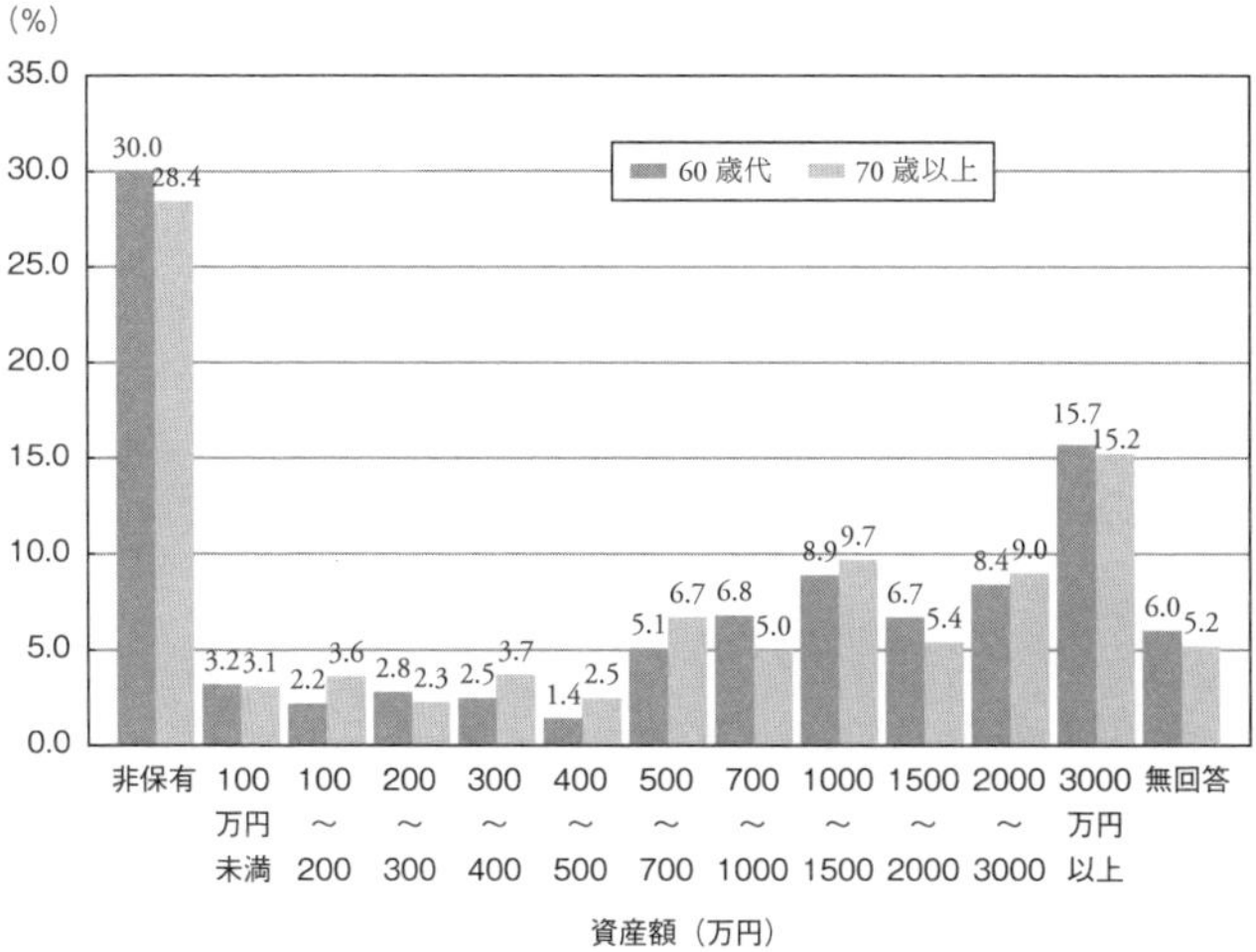

出所：金融広報中央委員会『家計の金融行動に関する世論調査』2011年

図Ⅰ－４　高齢者の金融資産保有額割合（%）

は子育ての終了した高齢者の回答ではなく子育て世代の回答と見なせるので論じない。興味深いのは、特に目的はなく貯蓄を保有しておれば安心感があると回答した人が二一・五％いることだ。これも不時の備えと理解してよい。なお低い比率での理由に関しては主として現役世代のことなので、ここでは言及しないこととする。

これらの表で重要なメッセージは、人は貯蓄の目的として第一に老後の生活資金、第二に不時の備えのためである、ということだ。これは極めて重要な点である。高齢者の中で資産保有ゼロの人がおよそ三割もいるということは、これら二つから見放されている人がおよそ三割も存在していることを意味している。苦しい生活を強いられており、しかも不安だらけの生活をしている高齢者がおよそ三割もいる。これが今の日本なのである。

資産保有額ゼロの高齢者についてばかり述べてきたが、実は資産保有額が四〇〇万円以下しかない高齢者が六〇歳代で一〇・七％、七〇歳以上で一二・七％も存在している。これら少額の資産しか保有していない高齢者も、ゼロ保有者ほどの深刻さではないが、貧困に苦しみかつ不安の多い人生を送っている可能性が高い。

四〇〇万円以下という非常に低い資産しか保有していない高齢者が六〇歳代で四〇・七％、七〇歳代で四一・一％（ともにゼロ保有者を含む）の一方で、高額の金融資産を保有する高齢者が少なからず存在することを知っておこう。先ほどの図は資産額が二〇〇〇万円以上の高齢者が六〇歳代で二四・一％、七〇歳代で二四・二％存在していることを示している。既に資産額が四〇〇万円以下（ゼロ保有を含む）の高齢者の比率がわかったが、むしろここで強調しておきたいことは、両者（すなわち低い人と高い人）を合計すると六〇歳代で六四・八％、七〇歳以上で六五・三％に達しており、中間額（すなわち四〇〇万円から二〇〇〇万円まで）の資産保有者はそれぞれが三五・二％、三四・七％であり、分布でいえば中央に山をなしていないことである。

以上のことをまとめれば、高齢者の資産分布は額の低い人と高い人の両極分布をしているのであり、特に四〇〇万円にも満たない低資産保有者の多さが目立つ分布なのである。さらに資産保有ゼロの高齢者がおよそ三割もいることが重要な点だ。逆にかなり高額保有の高齢者も少なからずいるのである。

高齢者の貧困が深刻

年金額が少ない、たとえ働いたとしても賃金が低い、保有資産が極端に少ないことによる利子などの所得が少ない、いろいろな理由によって高齢者には貧困者が多い可能性を示唆したが、そのことを統計によって確認しておこう。

図I―5は男女別、年齢別に見た貧困率を示したものである。ここで貧困率とは相対的貧困率を意味している。相対的貧困者とは、最低所得者から最高所得者を順位で並べてその中位の順にいる人の所得の五〇％に満たない所得しかない人を貧困者と定義したものである。当該人口のうち何％の人が貧困者であるかを示したものが相対的貧困率である。なお五〇％という基準はOE

CD（経済協力開発機構）という先進国の加盟する国際機関による基準である。EU（欧州共同体）では六〇％という厳しい基準を設定しているので、貧困率は高くなる。日本はEUとは無縁で、OECDのメンバーなのでここでは五〇％を採用する。

一方で絶対的貧困者とはその人が最低限生きていくために必要な所得はどれだけかを決めてから、その所得に満たない所得しかない人と定義する。この定義はわかりやすいが、地域や人によってその額は様々であり、計測は容易ではない。したがって日本では絶対的貧困による計測はないので、ここでは相対的貧困で代表させることにする。諸外国における計測も相対的貧困を用いることが多い。さらに、絶対的貧困は国によって事情が大いに異なるので、それで国際比較をするということは、さほどの意味がないことも相対的貧困を重宝する理由となっている。

この図でわかることは次の点である。

第一に、男性と女性を比較すれば、二〇歳から二四歳という若年者を除いて女性の方が男性よりも貧困率が高い、そしてその男女差は年が上になるほど拡大の傾向にある。女性の貧困率が男性の貧困率よりなぜ高いのか、ということは重要なテーマではあるが、本書の主たる関心から離れるので、ここでは多くを語らない。しかし高齢女性の貧困については後に詳述する。

第二に、年齢だけに注目すると、若年層から中年層にかけて貧困率はやや減少する。中年の頃が貧困率はもっとも低い。ところが年齢が五五歳あたりを過ぎると貧困率が急激に上昇し始めるのである。六五歳から七〇歳を超えると男性は二〇％近くになり、女性は二五％前後を超える高

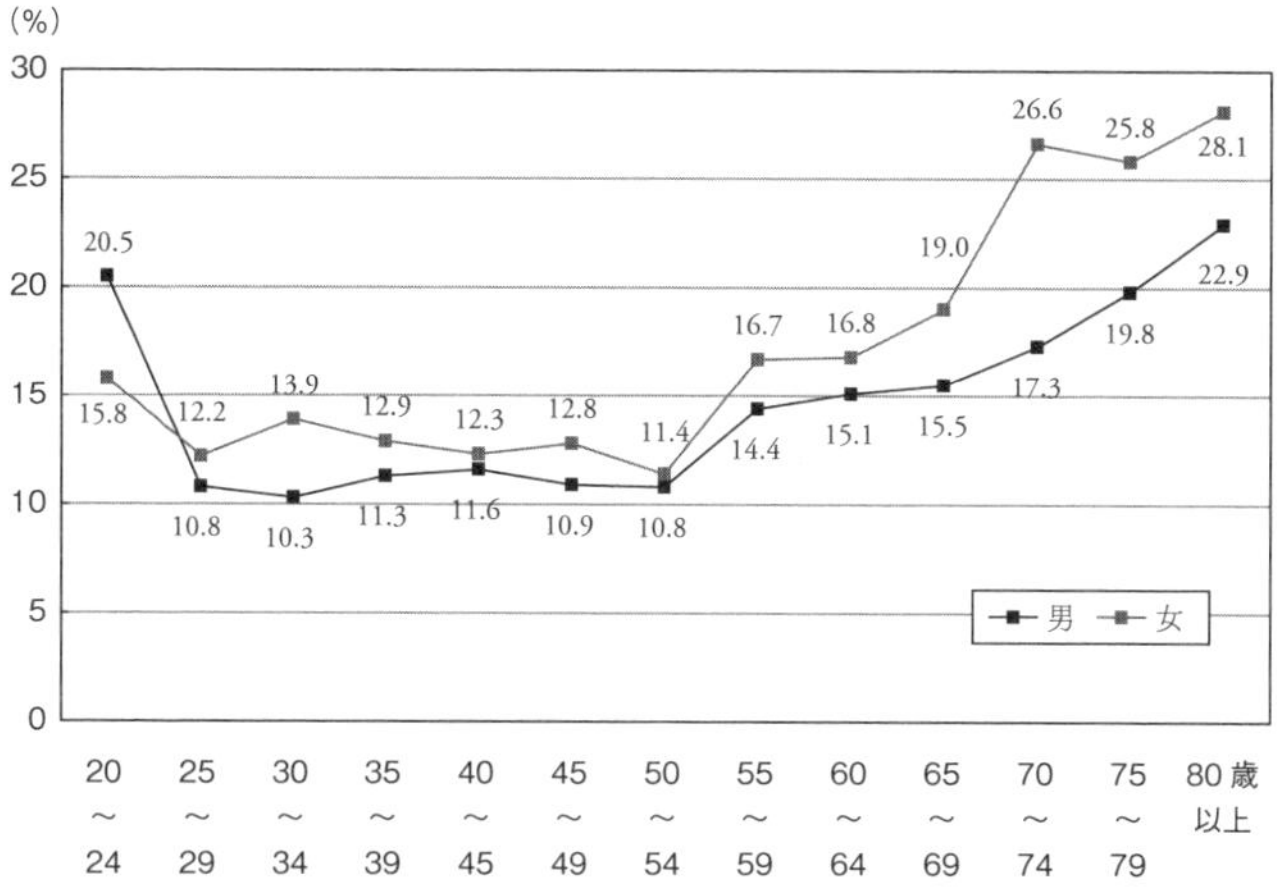

出所：内閣府『平成23年度男女共同参画白書』

図I－5　男女別・年齢別貧困率

い貧困率となる。高齢者のおよそ二割から三割の人が貧困に苦しんでいるのが日本の現状なのである。

なぜ高齢者の貧困が多いのか、後に詳述するがここでは簡単に述べておく。（1）働いていない人で年金額の低い人が多い、（2）たとえ働いたとしても賃金が低い、（3）病気などになる確率が高いので不意の支出の多いことと、介護費用のかさむことがある、（4）一昔前は三世代住居を代表にして子どもなど親族からの経済支援があったが、その慣習が崩れつつあるので、外部からの所得支援が大きく減少した、（5）年金、医療などの社会保障給付額の低い高齢者がかなり存在する。以上が主な理由となっている。

ここで重要な情報は、高齢者の貧困は夫婦健在か、それとも単身かによって大きく異なることにある。日本政府が一人暮らしの高齢者の貧困率を計算しているので、それを引用すると次のようになる。家計所得と家族人数の大小を考慮した等価所得に変換したものを用いると、夫婦健在では貧困率が一五・二％であるが、単身男性の貧困率は二四・九％、単身女性の貧困率は四二・〇％にも達する。先程の図I―5による高齢者の貧困率は、夫婦健在と単身男性・単身女性の全部を標本にした数字であったが、ここで示した数字は夫婦二人で住んでいるか、それとも単身で住んでいるかを区別して計算したものである。

夫婦が健在で二人暮らしの貧困率は一五・二％という高くない数字であるが、一人暮らしの男性の貧困率は二四・九％、一人暮らしの女性の貧困率はなんと四二・〇％にまで高くなる。高齢単身女性の一〇人に四人が貧困で苦しんでいるという、悲惨な貧困の現状なのである。

なぜこれほどまでに一人暮らしの女性高齢者が貧乏なのか、先程列挙した高齢者に貧困の多い理由に加えて、高齢の単身女性に特有な理由がある。まず第一に、夫を亡くした未亡人に関しては、夫は比較的高い年金額を受けていたとしても、夫が死亡すると働いていなかった妻の遺族年金の額はおよそ半分ほどに低下するので、公的年金額の低いことが大きい。夫が加入していた企業年金も夫の死亡により給付停止になることがほとんどなので、この減額も影響する。

第二に、一度も結婚せずに独身を続けた女性に関しては、現役で働いていたときの女性の賃金が日本では男性よりも低いので、年金保険料の払い込み額の低いことが影響して、年金給付額も低くなる。このことは結婚していながら働いていた妻についても当てはまることである。

高齢富裕層の異常に高い資産額

ピケティの『21世紀の資本』では日本においても一部の高所得・高資産の人は非常に高い所得、資産の持主であったことが示されたが、ここで日本での資料を用いてこれらの人のことを少し知っておこう。本来ならば高齢者の統計が存在するといいのだがそれはなかなかないので、最初は日本全体における超富裕層の姿を知っておこう。

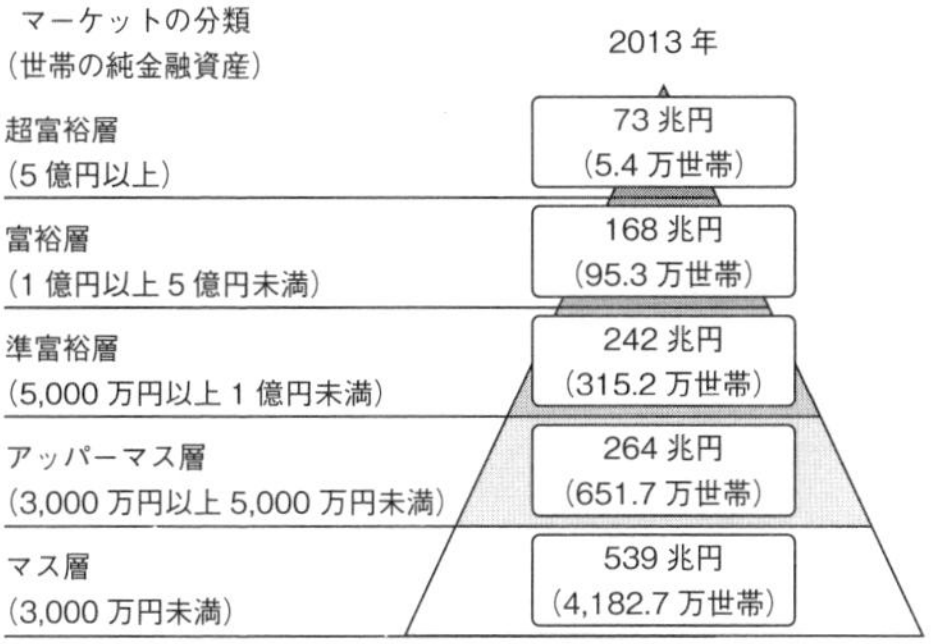

（注 1） 各分類の上段は保有金融資産額、下段は世帯数
（注 2） 国税庁「国税庁統計年報書」、総務省「人口推計」、総務省「全国消費実態調査」、厚生労働省「人口動態調査」、人口問題研究所「日本の世帯数の将来推計」、東証「TOPIX」および「NRI 生活者 1 万人アンケート調査（金融編）」、「NRI 富裕層アンケート調査」等より推計。
出所：野村総合研究所報告書

図Ⅰ－6　純金融資産保有額の階層別にみた世帯数と各層の保有資産規模の推移

野村総合研究所（二〇一五）が富裕層の世帯数と資産保有額を推計している。図Ⅰ―6は富裕層を五つのクラス、すなわち資産保有額別に（1）超富裕層（五億円以上）、（2）富裕層（一億円以上五億円未満）、（3）準富裕層（五〇〇〇万円以上一億円未満）、（4）アッパーマス層（三〇〇〇万円以上五〇〇〇万円未満）、（5）マス層（三〇〇〇万円未満）、に区分したものである。それぞれの世帯数は、（1）五・四万世帯、（2）九五・三万世帯、（3）三一五・二万世帯、（4）六五一・七万世帯、（5）四一八二・

七万世帯の分布である。

国全体では三〇〇〇万円以上の人が一五％ほど存在していたのであるが、野村総研ではこれら以上の人をアッパーマス層、準富裕層、富裕層、超富裕層と定義し、三〇〇〇万円未満の人は富裕層に近い人という定義とみなしてよい。

外国を見たらどうであろうか。ＹＵＣＡＳＥＥ（二〇一四）によると、各国で富裕層の占める割合は、日本がトップの二二・三％、第二位は中国の一七・八％、第三位はスイスの一六・八％、第四位はアメリカの一六・六％、第五位はイタリアの一五・六％と報告されており、日本人に富裕層の多いことが国際比較からも確認できるのである。

最後に、日本人における超富裕層がどれほどの資産を保有しているか、具体的に見てみよう。表Ｉ―２は超富裕層のトップテンの氏名、職位、産業、年齢、資産額で示したものである。トップはファーストリテイリングの二代目社長の柳井正で、資産額は一五・五〇米一〇億ドル（日本円にして一＄＝一二〇円で計算しておよそ一八六〇億円）である。庶民からすると想像できない途方もない額である。トップテンに注目すると、自分で事業を起こした創業経営者で、その後事業で大成功を収めた人が目立つ。さらに産業としてはいわゆるＩＴ産業やサービス業といった分野での成功者が多い。

本書との関係でこの表で注目すべきは年齢である。一〇人中八人が六〇歳以上の高齢者であるし、その中でも四人が八〇歳以上という後期高齢者である。これは、若い頃、あるいは中年に

表Ⅰ-2　日本の超富裕層トップテン

	氏名	職位	産業	年齢	資産（10億$）
1	柳井正	ファーストリテイリング社長	衣料	64	15.50（1860億円）
2	佐治信忠	サントリー社長	飲料	67	10.70
3	孫正義	ソフトバンク創業	IT	55	9.10
4	三木谷浩	楽天創業	IT	48	6.40
5	毒島邦雄	パチンコ創業	パチンコ	88	5.20
6	森章	森トラスト社長	不動産	76	5.00
7	滝崎武光	キーエンス社長	電気機器	67	4.70
8	韓昌祐	マルハン会長（パチンコ）	パチンコ	82	3.40
9	高原慶一朗	ユニ・チャーム会長	衛生用品	82	3.30
10	伊藤雅俊	セブン・アンド・アイホールディング会長	小売	88	2.80（336億円）

出所：『週刊現代』2013年4月号から8月号にかけて
（注）　データは出所初出当時のもの

なって創業してから大成功を収め、経営者としての報酬も高かったかもしれないが、何よりも保有自社株式の価格が高くなったことによるキャピタルゲインと、配当金が大きな額だったことが影響している。年齢を重ねることによってそれらのフロー所得が蓄積し、資産もますます巨額になっていく過程がここにある。高齢者だからこそ保有資産額が途方もなく大きな額になるのである。

ここで述べた高齢の超富裕層がライフサイクル上で資産を蓄積したプロセスは、ここで紹介した超富裕層のみならず、普通の高齢富裕層、あるいは一般の高齢者にも当てはまることである。すなわち若年期・中年期において稼得した所得の一部を蓄積し、それが年を重ねるに応じて資産額が増加するのである。超富裕層は若年・中年のときに非常に高い所得を稼得したので、桁数の異なる資産額になっているが、年を重ねるごとに資産の蓄積するプロセスは同じである。

第2章　格差を生み出すもの――教育、職業、賃金、貯蓄、結婚

1　ライフサイクルから評価した老老格差

老老格差を生む要因

前章で老老格差を高齢者間の所得と資産による格差を中心にして論じてきたが、この章ではなぜこのような格差が生じるかを考えることにする。高齢者というのは人生では最後の時期であるが、そこで出現する格差はそれまでの人生における幼年期、少年期、青年期、中年期における種々の経済活動の蓄積によって生じた結果である。そこで本章ではこれらの諸活動の効果を慎重に調べて、それらがどれほど老老格差の出現に貢献しているかを分析してみよう。

どのような諸活動が老老格差に貢献しているのだろうか。まず第一に重要なことは、現役で働いているときの職業と所得である。前章でもその一端を示したし、橘木・森（二〇〇五、二〇〇九）で強調したように、日本のお金持ちは起業して大成功した経営者である。それに開業医にもかなりのお金持ちが多いので、自分で何かをやり始める人が、富裕層に仲間入りする確率が高い。とはいえサラリーマンとして企業に勤務してから出世して部長、重役、社長といった経営幹部にな

る人も相当に高い所得を稼得しているので、超富裕の高齢者にはなれないかもしれないが、少なくとも前章で見た準富裕層、アッパーマス層、マス層などになれる資格はある。そうすると関心は現役時代にどこで働いていたか、ということになる。そしてどれほどの賃金、所得を得ていたかを分析することになる。一方でもう一つの重大な関心は、老老格差の下で苦しい生活を強いられている人は、現役のときに低い所得しか得られなかった人であり、そういう人は誰か、ということになる。

そうすると次の関心は、そうした職業や所得に影響のある変数、すなわち教育ということになる。高学歴の人、あるいは低学歴の人の差がどれほど職業や所得の格差に影響あるのか、そしてその効果がどのように老老格差として現れるのだろうか。

学歴の次は結婚の効果である。最近は意図的に結婚しない人、結婚したいが例えば低収入などで結婚できない若い人と中年の人の数がかなり増加しているが、現代において高齢になっている人の大半は皆婚社会だったので結婚していた。そこで誰と結婚していたかが興味の対象となる。誰と結婚するかは資産形成に影響があるからだ。もう一つの注目点は、前章で示したように夫なり妻が死亡したときの経済効果である。特に夫を亡くした未亡人の低所得、貧困が目立ったことを再述しておこう。

最後に、遺産相続のことを一言述べておこう。詳しいことは新しい章を設けて議論するが、遺産相続を授受する人とそうでない人の格差はかなり大きい。ここでは一例だけを示してその意義をわかっておこう。前章の超富裕トップテンの第二位にサントリーの佐治信忠会長がなっているが、これは佐治家、鳥井家という事業に成功した大富豪家系における遺産授受の効果が大きいと考えられる。

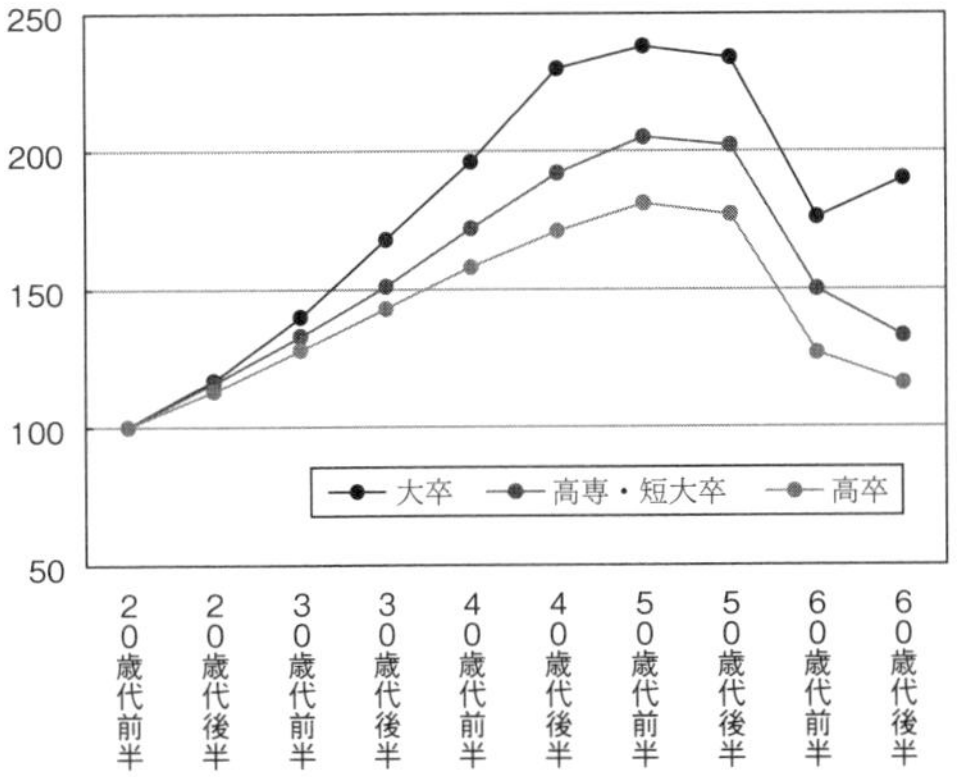

出所:『賃金構造基本調査』より計算した。(Garbage News による HP より)

図Ⅰ−7　学歴別平均賃金を年齢別に見たらどうか（男）
（20歳台前半を100とした時の値、2014）

教育

まず教育、あるいは学歴の効果を調べておこう。引退した高齢者にとって学歴がいかなる意味をもっているのかを想像することはむずかしい。しかも高齢者の経済変数に関して、学歴別に区別した統計を見つけることは困難だという事情もある。むしろ現役で働いていたときの賃金、所得などに学歴がどのような効果を与えていたかを抽出して、その効果が高齢者になっても継続して現れていると理解するしかないだろう。なぜならば、現役で働いていたときの賃金・所得の差がその人々が高齢者になったときの所得・資産格差として出現しているからである。

そこで勤労時における賃金格差に学歴差がどれだけの影響を与えているのかを調べておこう。図I—7は学歴別・年齢別に賃金差を示したものである。この図でわかることは、学歴が大卒、高専・短大卒、高卒の三者で比較すると、大卒が一番賃金が高く、次いで高専・短大、高卒の順となる。そしてその差は年齢を重ねるとともに拡大していく傾向がある。とはいえ、「学歴社会日本」という言葉の流布するほどには、学歴による賃金差は大きくない。

そう判断する根拠の一つとして、学歴による賃金格差の実態の国際比較がある。図I—8は主要先進国（英米独仏）と隣国の韓国における学歴による賃金格差を示したものである。この図によると、日本が学歴による賃金格差がもっとも小さいことがわかる。ちなみに学歴による賃金格差の大きな国はアメリカ、イギリスというアングロ・アメリカン諸国であり、次いでフランス、韓国となる。何かにつけて日本と似ている点の多いドイツは、学歴による賃金格差は英米よりかはかなり小さいが、それでも日本よりかはやや大きい。詳しいことは橘木（二〇一三）を参照されたい。

以上の二つの図から言えることをまとめると次のようになる。学歴による賃金格差は日本においては小さいのである。年齢を重ねるとそれがやや大きくなるが、それでも他の先進国を凌駕することはないので、ほぼ間違いなく日本の学歴別賃金差は小さいのである。このことが老老格差に与える効果について言及すると、次のようになる。すなわち、現役のときの賃金・所得格差を評価すると、学歴による格差は小さいので、引退後の高齢者間においても所得と資産の分布において学歴差の影響は小さい、とほぼ確実に言える。

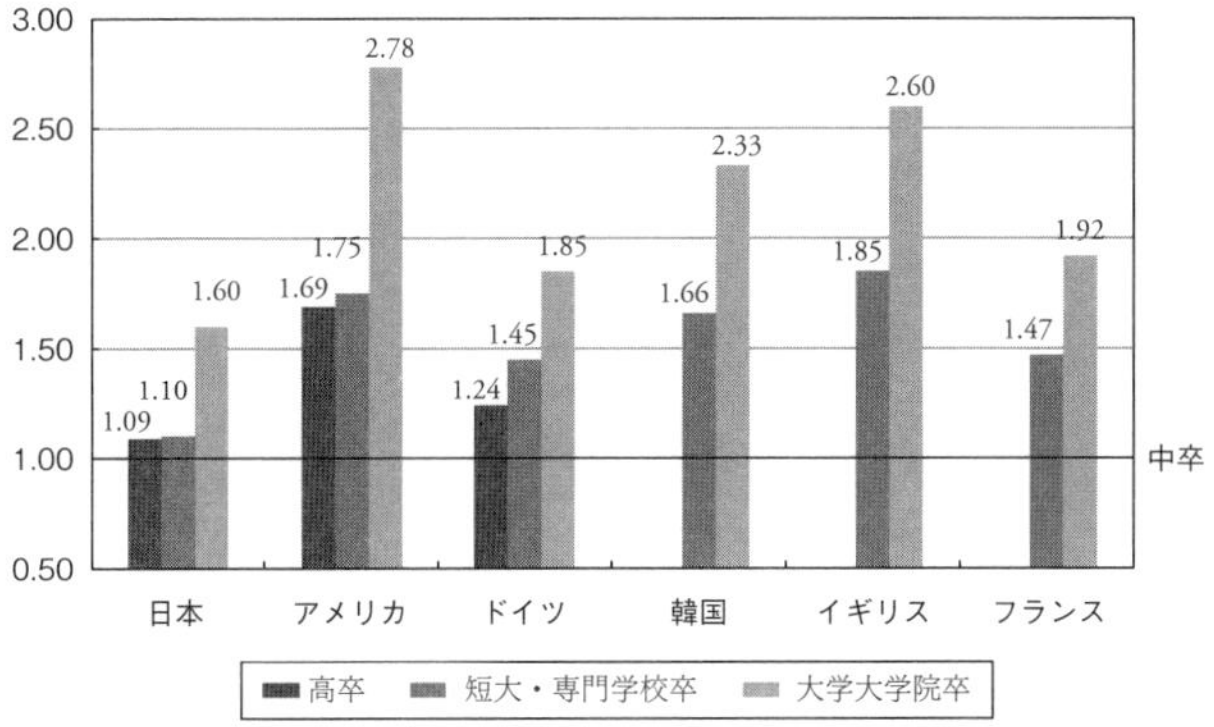

（注1）　中卒賃金を1に基準化している。
（注2）　日本以外のデータは、OECD（2006）Education at a Grance より得ている。日本のデータは厚生労働省平成18年度版「賃金構造基本統計調査」より得ている。

図Ⅰ－8　学歴間賃金格差の国際比較

職業

次の関心は職業による格差である。表Ⅰ―3はいくつかの代表的な職業を取り上げて、職種による月間の所定内給与の差を示したものである。上位一〇職種と下位一〇職種の給与を示しているが、職業による所得差はかなり大きいことがわかる。ここで図Ⅰ―7、図Ⅰ―8と表Ⅰ―3の間の違いを説明しておく必要がある。図Ⅰ―7と図Ⅰ―8は職業の差には注目せずに、高卒、高専・短大卒、大学卒の全員の平均賃金額であるのに対して、表Ⅰ―3は学歴には関心を払わずに個々の職業に従事する人の平均賃金額である。とはいえ、例えば男性の上位一〇職種の職業に就いている人の大半は大学卒なのであり、下位一〇職種の人には大学卒は少なくて低学歴の人が圧倒的に多い。そうすると学歴間の賃金格差は大きいのではないかと想像できるが、その想像は正しくない。なぜならば表I—3で列挙された職種は極端に高い賃金か極端に低い賃金なので、その中間に入る職種は数多くあるし、ここに入る人の数は多い。それらを平均すれば学歴間の賃金格差は表I—3で示されるほどの差はないのである。

むしろここで強調したいことは、一部の職業の人（例えばパイロットや医師など）は非常に高い所得を稼得しているし、逆に一部の人（タクシー運転手や看護補助者など）は非常に低い所得しか稼得していないのである。この大きな格差が、これらの人が年齢を重ねて職業生活を続けることによって積み重なり、生涯所得としてかなり大きな格差が生じるのである。

どれほどの生涯格差となるのか、医師（月収八〇万円）とタクシー運転手（月収一八万円）を例にしてみよう。ここでの仮定では年齢・勤続に応じた昇給を考慮していないので、勤労期間中の平均月収という見方を採用する。それぞれボーナス（四ヵ月分）が出ることと、勤続年数を医者は大卒六年間を経て職に就く年齢が遅いので三〇年間、タクシー運転手の場合には四〇年間と仮定した。医者の年収は一二八〇万円、生涯所得は三億八四〇〇万円、タクシー運転手の年収は二八八万円、生涯所得は一億一五二〇万円と計算できる。この両職業は両極端であることを考慮に入れなくてはならないが、実に三倍以上の格差がある。他の職業においても生涯所得の格差はこれほどの額ではないが、上位の職業と下位の職業の間では生涯所得にかなりの格差が存在することが明らかである。

表Ⅰ-3　職種別月間所定内給与

（単位：万円）

男性		女性	
（上位10職種）		（上位10職種）	
航空機操縦士	88.4	医師	64.7
医師	82.9	大学講師	43.4
大学教授	67.6	高等学校教員	38.1
大学准教授	53.9	航空機客室乗務員	32.7
大学講師	49.0	薬剤師	31.3
高等学校教員	45.4	各種学校・専修学校教員	30.8
自然科学系研究者	41.5	システム・エンジニア	29.1
薬剤師	39.7	看護師	28.7
記者	38.6	臨床検査技師	27.5
一級建築士	37.7	理学療法士、作業療法士	25.7
（下位10職種）		（下位10職種）	
パン・洋生菓子製造工	21.1	紙器工	16.4
守衛	21.1	パン・洋生菓子製造工	16.0
用務員	20.8	陶磁器工	15.9
洗たく工	20.1	精紡工	15.8
ミシン縫製工	19.3	織布工	15.6
調理師見習	19.1	調理師見習	15.2
警備員	18.9	洗たく工	14.9
ビル清掃員	18.8	洋裁工	14.8
看護補助者	18.3	ビル清掃員	14.3
タクシー運転手	18.0	ミシン縫製工	14.2

出所：厚生労働省「賃金センサス」2010年

貯蓄

勤労から引退した後の資産額は、現役時代に貯蓄した額が蓄積したものとなる。そこで勤労中にどれだけ貯蓄したかを調べることは重要なこととなる。その前に貯蓄残高（資産額）が年齢が高くなるにつれて増加することを確認しておこう。例えば厚生労働省の『国民生活基礎調査』を基に推計した年齢別の貯蓄残高は、二〇代で一六〇万円、三〇代で四二三万円、四〇代で七〇七万円、五〇代で一〇三四万円、六〇代で一三九九万円と推計されているので、明らかに年をとるにしたがって、貯蓄残高（資産）が増加していることがわかる。これは各年代において人々が貯蓄する額の蓄積額なので当然の帰結である。

ここでの関心は所得の高い人と低い人とで貯蓄率に差があるかということと、その差が引退時の資産額の差に与える効果である。ここで貯蓄率とは、毎年の所得のうち何％を貯蓄にまわすか、という比率のことである。富士通研究所研究レポートNo.244（新堂精士）二〇〇五年が、所得階級別の貯蓄率を推計しているので、それを簡潔に要約すると次のようになる。高所得層（家計調査における年収五分位の第五階級）がおよそ三割前後、中所得層（同じく第二〜第四階級）が二割五分前後、低所得層（同じく第一階級）が一割五分前後であった。高所得層は貯蓄率が高く、次いで中所得層、低所得層と低くなるのであり、高所得者ほど高い貯蓄率であることが日本の家計なのである。

以上のことをまとめれば、現役で働いている人の高所得とそれらの人の高い貯蓄率が融合すれば、これらの人々の資産蓄積がますます進行するし、引退後の資産額はますます多額になる。一方で現役のときに低い所得だった人とそれらの人の低い貯蓄率が融合すれは、これらの人々の資産蓄積は一向に進まないし、引退後の資産額もますます低額になることを意味する。簡単に言えば、高所得・高貯蓄が高い資産形成を生み、低所得・低貯蓄が低い資産形成しか生まないのである。

高齢者の資産格差

ここまで、人々の一生涯に注目して、現役で働いていたときの所得から始まって、それを一部貯蓄する行動を考えた。そしてその活動が引退まで続くことによって、所得差と貯蓄率の差が人々の資産蓄積の実績にどのような差をおよぼすかを考察してきた。高所得・高貯蓄が二つ同時に見られる人の資産額はますます大きくなり、低所得・低貯蓄の二つが同時に見られる人の資産額は一向に大きくならず、両者の間の資産格差は年齢を重ねるごとにますます拡大する、というのがここでの結論である。

その例を先ほどの医者（高所得者）とタクシー運転手（低所得者）の引退時における資産額を例として計算してみよう。ここで重要な仮定は金利ゼロを設定していることにある。現代はゼロ金利時代にあるので、金利ゼロの仮定はあながち不自然ではないが、現実には〇・〇一～〇・〇二％の金利の世界を想定した方が正しい。でもこのように極端に低い金利であれば資産額の推定に大きな影響を与えないので、金利ゼロの仮定は容認されうる。

医者が引退時に保有する資産額は一億一五二〇万円と計算され、タクシー運転手は一七二八万円となる。実に一億円弱の高い資産格差なのである。ここでの仮想的な計算においては非現実的な前提が想定されている。例えば、人は住宅購入や耐久消費財の購入に際してローンを用いるので負債の発生があるが、ここではそれを無視している。あるいは人生の途中で不時の災害にあったりして、貯蓄の取り崩しをすることもある。これらのことを計算の過程で考慮していない。ここでの計算結果は非現実的な数値であることを否定しないが、高所得・高貯蓄の人々と低所得・低貯蓄の人々との間の資産格差には大きなものがある、ということを知るには有用な数値である。ここから資産格差がどのようにして発生し、その結果としていかにして老老格差が生じるかというメカニズムがわかるのである。

2 結婚にまつわることによる老老格差

結婚の効果

ライフサイクルから見た老老格差をこれまで考えてきたが、主として関心を寄せた人々は男性であった。当然女性も念頭にはあったが、これまでは専業主婦が多かったので、稼ぎ手の男性を分析するだけで十分であった。とはいえ働いていた既婚女性も多数いたのは事実であったが、これらの女性は子育ての終わった三〇歳の半ばから四〇歳にかけて再び働き始めた人が多く、しかもパート労働などの非正規労働者が多いので賃金は低く、夫の収入で家計所得を代表させてもそう不自然はなかった。

本書の主たる関心は高齢者であるが、現在の高齢者だけに限定すれば、ここで述べた専業主婦だったりあるいは働いていたとしても低賃金の既婚女性が多かったので、これまた高齢者の所得ないし資産に関して夫のもので代表させてよかったのである。

しかし現在の若者ないし中年の女性に注目すると働く女性の数が増加しているし、M字型カーブ（結婚や子育て期間中は労働をしない既婚女性の存在）の形が弱くなっていることが橘木・迫田（二〇一三）で示されている。これは既婚女性で働く人が増加していることを物語っている。女性の教育水準の向上によって女性の稼得所得の額が増加していることも、既婚女性の所得が家計所得の中で果たす役割が大きくなっていることを意味している。つまり、女性の稼得所得を無視できない時代になっているのである。

もう一つ現代で起こっている変化は、生涯に一度も結婚しない人（すなわち生涯未婚）の増加である。これは女性よりも男性に多いことなのであるが、女性の生涯未婚率は二〇一〇（平成二二）年の国勢調査によると一一％、男性では二〇％にも達している。それが今後の二〇三〇（平成四二）年を予測すれば女性で二三％、男性で三〇％にも達する予想になっている。独身を生涯続ける日本人が急増しているのである。人口の性別比は男性と女性がほぼ同数なので、生涯未婚率に男女差がこれほど多く出現する予想は不自然である。なぜこれだけの差が出るのだろうか。第一に、厳密に言うと男女の出生比は一〇五対一〇〇と男子の方が女性よりも多いので、一夫一婦制を前提にすれば男で結婚できない人が出現することは、ある意味当然である。第二に、離婚率の高くなっている現代において、離婚する男性の再婚率が高く、そして再婚する相手の女性は初婚者が多いという事実がある。一方で離婚した女性は結婚はもうコリゴリと感じて再婚希望が低い。これら二つの事実は女性の生涯未婚者の数を男性のそれよりも低くさせる。

一人身になれば女性は必ず働いて所得を稼がねばならない。重要なことは、男性は未婚であっても賃金は女性より高いので生活苦はそうないが、女性の賃金は男性より低いので生活苦が深刻である。さらに低い賃金・所得は社会保険制度に加入できないとか、加入できても低い保険料しか拠出できないので、将来の種々の社会保険給付の水準が低いという問題が、女性に発生する可能性が高いのである。

このような事実は、これらの人々が高齢者になったときのことを考えれば、大きな影響力を持つのである。したがって若い人を中心にして結婚する人、逆に結婚しない人のことを分析することは重要なことである。なぜ女性に注目するかといえば、繰り返すが日本では男性よりも女性の賃金がかなり低いので、老老格差でいえば格差の下にいる人に女性が多くなるからである。

パワーカップルとウィークカップル

ここで最近の若年層と中年層それぞれの結婚に注目したい。筆者は橘木・迫田（二〇一三）で共働きの夫婦が、高学歴・高職業・高所得という夫婦の組み合わせと、低学歴・低職業・低所得という夫婦の組み合わせ、という二極分解になっているということを示した。これらの夫婦をそれぞれパワーカップル、ウィークカップルと称した。共働き夫婦の数が確実に増加している日本なので、これらの人が働き続けて引退世代に入って高齢者になった時代は、格差がそのまま継承されて、前章で述べた所得や資産の老老格差は今以上にもっと拡大するものと予想できる。非常に深刻な所得・資産格差が今から二〜三〇年後には確実に発生しそうな悪い予感を抱くのである。

もう一つの心配事は、一生結婚しない人の増加によって、低い所得の単身者が多くなることだ。このことは離婚して母子家庭になった人についても該当する。母子家庭がいかに貧困で苦しんでいるかは後に詳説するが、離婚というのは再婚しない限り将来も配偶者なしを続けるということである。日本では橘木（二〇一二）が明らかにしたように、離婚した男性の再婚率は高いのであるが、不思議なことに離婚した女性の再婚率は意外と低いのであり、離婚して再婚しない女性に、より苦しい生活が待ち受けているのである。

やや余談ではあるが、生涯未婚を続ける女性には一方で高学歴で高職業の人がかなり多い。こういう女性は結婚して経済を夫に頼らなくてもよいような高い所得を稼いでいるので、結婚願望が低いのかもしれない。あるいは独身生活を楽しみたいということもあるかもしれないし、結婚して家事・育児や夫の世話という煩わしさから解放されたい気持ちがあるかもしれない。こういう高所得の女性のことはそう心配しなくともよい。もっとも論者によっては、独身女性の増加は出生数の低下をますます促すので好ましくないと主張することがある。

問題はそういう女性ではない低い賃金・所得に甘んじざるをえない女性に関してである。独身を続けるとか、離婚をするといったことは優れて個人の人生上のことなので、これらをやめろとかどうかしろとは決して強制できない。個人の自由は尊重すべきである。

社会でできることは、女性の地位向上と処遇の改善である。これは格差を是正するためにもどうしても必要なことだ。例えば、男女平等策を徹底して実行する、女性に多い非正規労働者の賃金を上げるために、同一価値労働・同一賃金の原則を導入する、最低賃金額あたりで働いている女性が多いので最低賃金をかなり上げる、今だに女性に家事・子育ての役割が押しつけられている現状を打開するための子育て支援策の強化、そして男性のそれらへの参加を促す策の導入、といったことが提言できる。

結婚する、しないは本人の自由であるにしても、結婚を望みながらそれのできない若者・中年層に関しては、できるだけ社会での支援が必要である。例えば橘木・迫田（二〇一三）で強調したように、「三〇〇万円の壁」と称されるように、若い人（特に男性）の年収が三〇〇万円未満であれば経済的な理由によって結婚できない事情がある。こういう場合に対しては既に述べたように、賃金を上げる種々の政策を実行する必要がある。

第3章　格差の世代間移転

1　恐ろしい遺産の授受

遺産の効果

前章において、所得や資産に関して老老格差の発生する要因を、教育、所得、貯蓄、結婚などに注目して分析したが、一つだけ重要な要因を分析しなかった。それは遺産である。高齢者の超富裕層を何人か紹介したが、その中で、前世代から高額の遺産を相続した人のいることは確実であった。これは実業界のみならず他の職業においても巨額の遺産を相続した人はいる。有名になったケースは、鳩山由紀夫・元首相が母親（ブリジストンタイヤの会長の娘）から月額一五〇〇万円の資金を毎月受領していたことであり、政治家の例として記憶に新しい。本章では個人誰それの遺産授受には言及せず、一般論としての遺産相続の効果を分析する。

高資産保有者は、蓄積した資産額が大きいだけに、それをどう処理するかという選択に迫られる。存命中であれば、一部を金融資産として保有して、株式、債券、預貯金という金融商品で資産運用ができる。他方、土地・家屋などの実物資産で保有すれば、地代・家賃収入はあるが、資産を売買するには取引コストがかかるし、手間もかかるので、そう頻繁に売買はできない。

問題は、資産保有者が死亡したときに発生する。残された金融資産・実物資産は誰かが相続することとなり、世代間の資産移転が発生する。親が六〇〜八〇歳代に死亡すれば、子どもは三〜五〇歳代に遺産を相続することとなる。前章で述べたライフサイクルの観点からすると、子どもはこの年代に遺産を受け取ったので、一挙に高資産家になるのである。もとより生前贈与という手段もあるが、資産を誰かに移転することには変わりなく、生前贈与は死亡前に相続しているだけである。

親が子供に何かを残す方策としては、ここで述べた資産の移転以外にも、教育投資がある。子どもに多額の教育投資をすれば、子どもは良い教育を受ける可能性が高まり、ひいては子どもが将来良い職に就けて稼得能力が高まることにつながる。もし子どもに自分の事業を継承したい親であれば、子どもが良い教育を受けると有能な人となって経営能力が高まり、ますますその事業は繁栄する可能性が高まる。

子どもへの教育投資を増加させれば子どもの受領する相続遺産額は減少し、逆に教育投資を削減すれば相続資産額は増加する。別の言葉で述べれば、子どもに残す手段として、教育投資であるのか、それとも資産移転であるのか、という選択の問題といってよいし、両者はトレードオフの関係にあるとも言える。本書では教育投資のことは詳しくは分析しない。

とはいえ、二つだけ興味深い事実なり命題を教育に関して付言しておこう。

一つ目は、親が子どもに金融や実物の遺産を残すか、教育投資をするかの選択に関して、子どもの生まれつきの能力・学力が効果を持つということである。Tachibanaki and Takata（一九九四）では、子どもの能力・学力が高ければ多額の教育投資を行い、金融や実物の遺産額を減少させる選択を行っていることを、理論と実証で証明した。その理由は、子どもが優秀であれば教育投資によって名門度の高い高校・大学に進学するであろうから、高い職業と所得を得られると予想できるからである。一方で能力・学力の低い子どもであればそれが期待できないので、金融や実物の遺産を残して子どもの生活水準を高くすることを期待するのである。

二つ目は、特殊な職業にある親は、教育投資に格別の関心を払う。代表例として医者を考えればわかりやすい。現代の大学で医学部で学ぶ学生の過半数は医者の子弟である。医者の所得の高いこと、医師免許を保持する限りにおいて食いはぐれはないこと、人の生命を助けるという尊い仕事であること、人々からの敬愛を受けていること、親の抱える患者をそのまま継承できること、などの魅力が医者にはあるので、医学部人気は異様に高い。したがって医学部の入学偏差値が高くなっているので、子どもへの多額の教育投資を医者の家庭では行っているのである。医者の所得は高いので、高い教育投資が可能なのである。もっともわかりやすいのは医者の例であるが、他の知的な職業に就いている親も、子どもにはできるだけ高い教育投資をして高い教育を受けさせようとしているのである。これらのケースでは金融や実物の遺産授受は、開業医の医院の建物や医療設備を除いて少なくならざるをえない。

親子間の資産移転

現実の世界では、夫が死亡した場合、妻と子どもが夫名義の資産を相続するのだが、ここでは妻の相続分にはさほど注目しない。もっとも一時的にせよ妻が死亡した夫の会社の後継社長となったり、巨額の資産保有者になるケースはある。とはいえその期間はそう長くなく、その後、妻が死亡したとき、結局は子どもが資産を相続することになるので、親子間の異なる世代間での遺産移転に主に関心を寄せてみよう。ここで遺産に関する基礎的事実をまとめておこう。

（1）親の所得（ないし資産）が高ければ、子どもの受ける遺産総額は高くなる。

この第一の事実は直感的によく理解できると思われるので、説明は不必要であろう。高資産家の親の下に育った子どもは、多額の資産を相続するであろう。

（2）子どもの所得（ないし資産）が高ければ、子どもの受ける遺産相続額は減少する。

この第二の事実には留保が必要かもしれない。子ども自身が自分で稼いでいる所得が高ければ生活に困難はないと親は想像するので、そのような子どもに多額の資産を残さなくてもよいと判断する可能性が高いということがあるが、一部の親は子どもの稼得能力に関係なく、自分の保有する資産の全部を渡したいと願うかもしれない。

この第二の事実をもう少し深く考えてみよう。複数の子どもを持った親は、相続額の決定に際して、子どもの所得額を考慮するという点がある、と考えられないだろうか。すなわち、ある子どもの所得が低ければ、その子どもを経済的に支援しようとして、多額の遺産額の贈与を考えるだろうし、別の子どもの稼得能力が高ければ、経済支援はさして必要ないと思われるので、その子どもには多額の遺産を残そうとしない可能性がある、ということだ。

欧米での遺産相続は、一般論で言えばすべての子どもに同等額を移転する風習があるとされるが、実態はここで述べたように子どもの経済状態に応じて相続額に変化をつけているという研究報告が多い。

一方、日本ではどうだろうか。戦前と戦後のある時期までは、家族のあり方として家父長制が支配していたので、長男が親の遺産のほとんどの額を相続していた。その代わり、長男夫婦は老親の経済生活を保障したり、病気の看護をしたり要介護になったときに介護にあたっていたりした。しかも長男は農業や商工業という親の職業を継承していた。男の子のいないときは女の子が相続したり、娘の夫が相続と職業を継承していた。しかし昨今、家父長制がかなり消失したので、子ども全員に平等の遺産配分を行う家庭が増加してきた。

とはいえ、「誰が老親の面倒を見るか」ということは今でも重要なことであり、実際に経済支援や看護・介護で親の面倒を見る子ども（それは長男とは限らない）に全額、ないし多額の遺産を残すという方式が有力となってきている。このように、親の面倒を見る子どもに多くの遺産を残す考え方を、「交換動機に基づく遺産相続決定論」と呼ぶ。親は特定の子どもに遺産を残すことの見返りに、その子どもから面倒を見てもらうという、親子が遺産とサービスを交換することによって双方が利益を受けることになるので、交換動機と称するのである。

ちなみに、このように親子間の交換を求めずに、すなわち親が子どもからの見返りを期待せずに、子どもが可愛いからだとか、子どもの生活がもっと豊かになってほしいと願って、遺産を残す動機を「利他的動機に基づく遺産相続決定論」と経済学は名づけている。子どもの幸福を願う親の気持ちを代弁した動機である。

利他的動機と交換動機は対立する動機とみなすことができるが、人々が遺産を残すときには、これ以外の説明論理もありうる。

たとえば、親は子どもに対して、これら二つの動機を持っていない（すなわち子どもにはいかなる遺産も相続させる意図はない）にもかかわらず、突然親が死亡した結果として残された遺産を子どもが相続することもある。その現象を「非意図的遺産の相続」と呼んでいる。ちなみに、前二者の動機は積極的に遺産を残そうとしているので、「意図的遺産の相続」と呼ぶことができる。生前贈与はこれに相当すると考えてよい。

（3）王朝モデル

どのような遺産動機に、より現実的の世界において妥当性があるかという論点よりも興味のあることは、一部の高資産保有者が子どもに高額資産を移転している事実をどう考えるか、という点である。本書との関係でいえば、老老格差のうち上位の階層にいてしかも高額の資産を保有している人に該当する。

親子間の資産移転に関する二つの事実のうち、第一の事実を踏まえると、高額所得ないし高額資産を持つ親は子孫に資産を譲渡していると想像できる。経済学ではその事実を王朝モデルと称して、家系が高資産を意図的に移転し続けることを表現している。

なぜ王朝モデルと呼ばれるのかというと、皇族や貴族はその冠位のみならず、高額の資産も家系内で何代も移転し続けているので、高額資産を意図的に子孫に譲渡することを、王族のような行動をしているとみなしてこう呼ぶのである。

遺産相続の額はいかほどか

次の関心は、では日本ではどの程度の額が世代間で授受されているか、になる。野村総合研究所（二〇一二）がその実態をアンケート調査で報告しているので、それを検討してみよう。このアンケートは遺産授受のあった人のみならず、全国の四〇〜七九歳にわたるおよそ五万人弱の人々への調査なので、どの割合の人が実際に遺産を授受しているかということのわかる貴重な情報を含んでいる。

まず相続で何らかの資産を受領した人は三二・七％である。およそ三分の一の人が相続を経験している。次に三〇〇〇万円以上の資産を相続した人はおよそ一四・一％に達しており、想像以上に高い比率の人がかなり高額の遺産を受領していることとわかる。ここでの遺産は先程述べた子どもへの教育投資は含まれていないので、預貯金・株式といった金融資産と土地・家屋などの実物資産の額である。

では遺産相続額の分布に注目すると、図Ｉ—9がその実態を示している。父からの相続と母からの相続によってその分布に多少の違いはあるが、総じてみると大差はないので父からと母からの相続の違いについては多くの注意を払わない。

相続額が五〇〇〇万円以上は父からの相続で八・四％、母からの相続で六・二％となっており、高額の遺産を受領している人がかなりの数である。五〇〇〇万円以上を含めて三〇〇〇万円以上の人では一〇％を超えた比率なので、日本ではかなり高額の遺産を親から相続している人が少なからずいると結論づけてよい。それが先程述べた一四・一％の数字のことであり、見方によってはそれほど高い比率ではないとの解釈もできるが、一方で遺産相続額がゼロの人が非常に多くいることを考慮すると、これらの一部の人は人生のスタート時点から資金を多く保有するという、初期条件のアドバンテージをもっているのである。

この図から得られるもう一つの情報は、もっとも人数の多い階層は一〇〇〇万円〜三〇〇〇万円未満と、一〇〇〇万円〜五〇〇〇万円未満ということである。前者はそれなりの高い相続額であるが、後者は少額とみなしてよい。一〇〇〇万円未満の人を加えれば、五〇〇〇万円以下の人は四〇・三％と四五・四％となるので、たとえ親から遺産を受けたとしても多額の受領ではない人が最大多数派である。

一方で五〇〇〇万円以上という一〇％以下の少数の人、その中には一億円から一〇億円、あるいは一〇億円以上という人もごく少数ながら遺産を相続しており、これらの人はさほどの努力なしに非常に有利な人生を送ることができることが約束されているのである。

以上をまとめると、ごく少数の人が巨額の遺産を相続している一方で、遺産を受領している人の半数近くは五〇〇〇万円以下という多額ではない額である、ということになる。さらに強調すべきことは、遺産ゼロという人が最大多数ということまで含めて評価すると、遺産の受領分布は非常に偏った形状をしている、ということになる。すなわち大多数がゼロと少額の遺産額である一方で、ごく少数が多額の遺産額なのである。

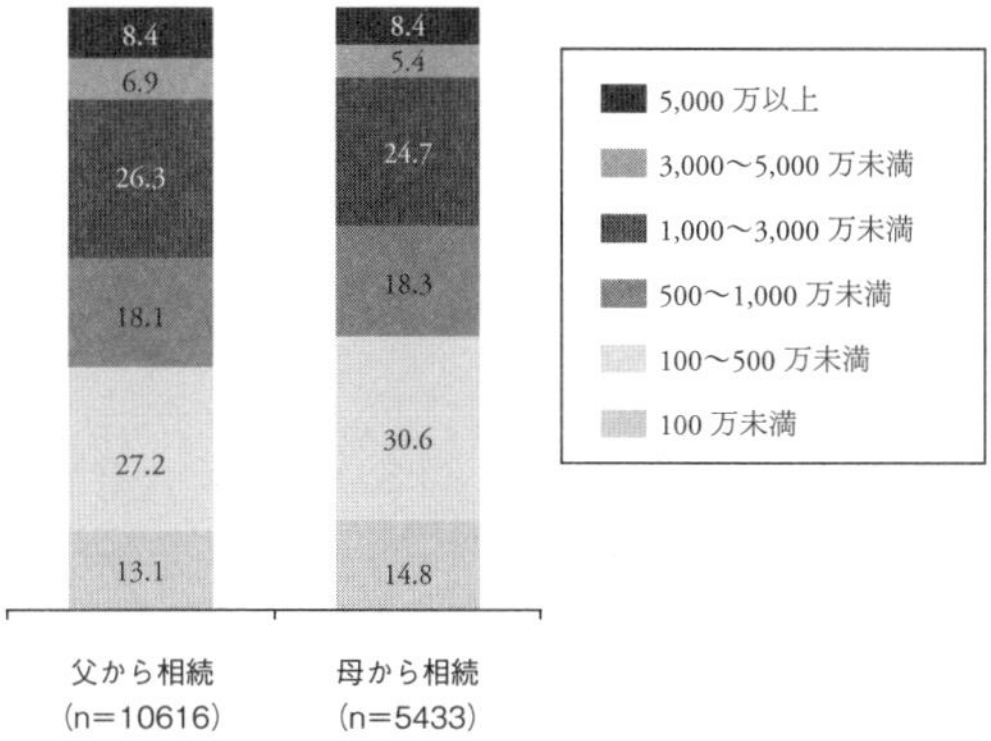

出所：野村総合研究所『相続に関する実態調査報告』2011

図Ⅰ-9　相続額の分布（父母別）

相続税の意味

大土地保有者、起業経営者、高資産保有家などは土地・株・債券などの資産を大量に保有しており、その資産が子孫に受け継がれている事実を王朝モデルと理解してよいが、この王朝モデルが存立するための条件が一つある。それは親世代の保有する資産が子孫に譲渡されるとき、税金が課せられないという前提である。もし親の残した遺産に一〇〇％の税金がかけられたなら、子どもが受け取れる資産はゼロとなり、資産は親の世代一代限りのものとしかならない。子孫は親から何も受けないのであるから、王朝モデルは存在しないこととなる。

相続税には次の大きな目的がある。それは、高額な資産を保有する人が子どもにそれを譲れば、子どもは何の苦労もなく、スタートから高額の資産を保有することが確実なので経済的に豊かな人生が送れることとなる。何も親から受けない子どもと比較して人生のスタート時点から有利ではないか、という不公平性を排除するという目的である。しかし一方で、子どもに高額の資産をスタート時点で持たせると、勤労意欲を失わせて子どものためによくないという考え方も有力にある。明治の元勲、西郷隆盛の有名な言葉である「子孫に美田を残さず」というのがあるが、まさにこの考え方の代表的なものである。

もとより一部の富裕層が高い資産を保有すること自体が公平な社会ではないと理解して、公平性・平等性に価値を置く思想も、相続税を課す根拠となる。

しかし一方で、親が子どもをいとおしく思うから親の蓄積した資産を子どもに譲渡するのであり、子どもの生活をなんとか楽にさせたいという親の愛情を踏みにじるのか、という声があるだろうし、その考え方にも一定の説得力がある。特に子どもがさほど有能な才能を持って生まれていないと感じる親ほど、その思いが強いだろう。あるいは親の職業を子どもに継がせるのが相続のもう一つの顔としてあるので、それのどこが悪いのかという声もある。しかも、自由主義の社会にあっては、国家が強制的に親子間の愛情に立脚した経済取引に課税するのは正義に反する、というやや極端な声があるかもしれない。

ここで述べた二つの対立する意見、すなわち公平性の観点から相続税を容認する考え方と、人間の愛情に基づく行為なので課税は容認されないとする考え方、どちらも正しい考え方なので、一方のみを完全否定するのは困難である。筆者個人の考え方は公平性を重視するが、国民の多数派がどのような意向を持っているのかという点からも、すなわち両者のせめぎあいの妥協点があれば、具体的に相続税の税率が決められることになるのである。日本での相続税の実態については次で見ていこう。

相続税率の変化

相続税は資産が世代間を移転するときに課せられる税である。既に述べたように遺産相続税は税金の中でもいつも論議を呼ぶ税制である。特に高資産保有者からの徴収であるし、税額も大きい場合が多いことと、親のビジネスを子どもに譲ることの是正などがからむからである。

過去から現在までの相続税制の推移を簡単に描写しておこう。図I—10がそれである。一九八八（昭和六三）年以前では、五億円の相続額に対する最高税率が七五％の高さであり、それ以下の相続額に対する税率も五〇％から七〇％というように、相当高い税率であった。次いで、二〇〇三（平成一五）年以前までは、二〇億円の相続額に七〇％の高い税率を保っていたが、それ以下の相続額に対しての税率は、相当下げられていた。たとえば五〇〇〇万円の相続額の人には、四五％から三〇％に下げられている。

その後の税制改革では、相続額三億円弱に対して五〇％の税率にまで下げられた。これは二〇億円といった非常に高い相続額の人の税率が相当下げられたことを意味する。しかし一〇〇〇万円から一億円クラスの相続額に対する税率は、ほぼ一定に保たれているか、少し下げられたといったところである。ごく最近（すなわち二〇一五年適用）では最高税率が五五％にまで上げられている。以上の推移をまとめれば、ここ二〇年弱の間におけるわが国における相続税率は、累進度が低下の傾向にあった。特に非常に高い相続を受け取っている人への税率が、相当下げられたことに特色がある。

相続税で関心の持たれる点は非常に高い相続額を受領している人の数がどれほどいるかという点である。表I—4は二〇一三年度において、相続税の課税価格階級別に件数や納税額を示したものである。

この表で目立つ点は、たとえば一〇億円以上の人は一六二六人であり、一億円以上の人である

表Ⅰ－4　相続税の課税価格階級別の課税状況（2013（平成25）年）

合計課税価格階級区分	件数		納付税額		平均課税価格（a）（万円）	平均納付税額（b）（万円）	負担割合（b）／（a）（%）
	件数（件）	累積割合（%）	税額（億円）	累積割合（%）			
～1億円	13,843	25.4	181	1.2	8,374	131	1.6
～2億円	25,959	73.1	1,680	12.1	13,830	647	4.7
～3億円	7,286	86.5	1,677	23.0	24,159	2,302	9.5
～5億円	4,310	94.4	2,371	38.5	37,847	5,501	14.5
～7億円	1,397	97.0	1,532	48.4	58,418	10,963	18.8
～10億円	822	98.5	1,505	58.2	82,253	18,308	22.3
～20億円	612	99.6	2,126	72.1	134,499	34,746	25.8
～100億円	173	99.9	1,718	83.2	325,505	99,308	30.5
100億円超	19	100.0	2,577	100.0	3,189,053	1,356,142	42.5
合計	54,421		15,367		21,362	2,824	13.2

出所：財務省HP

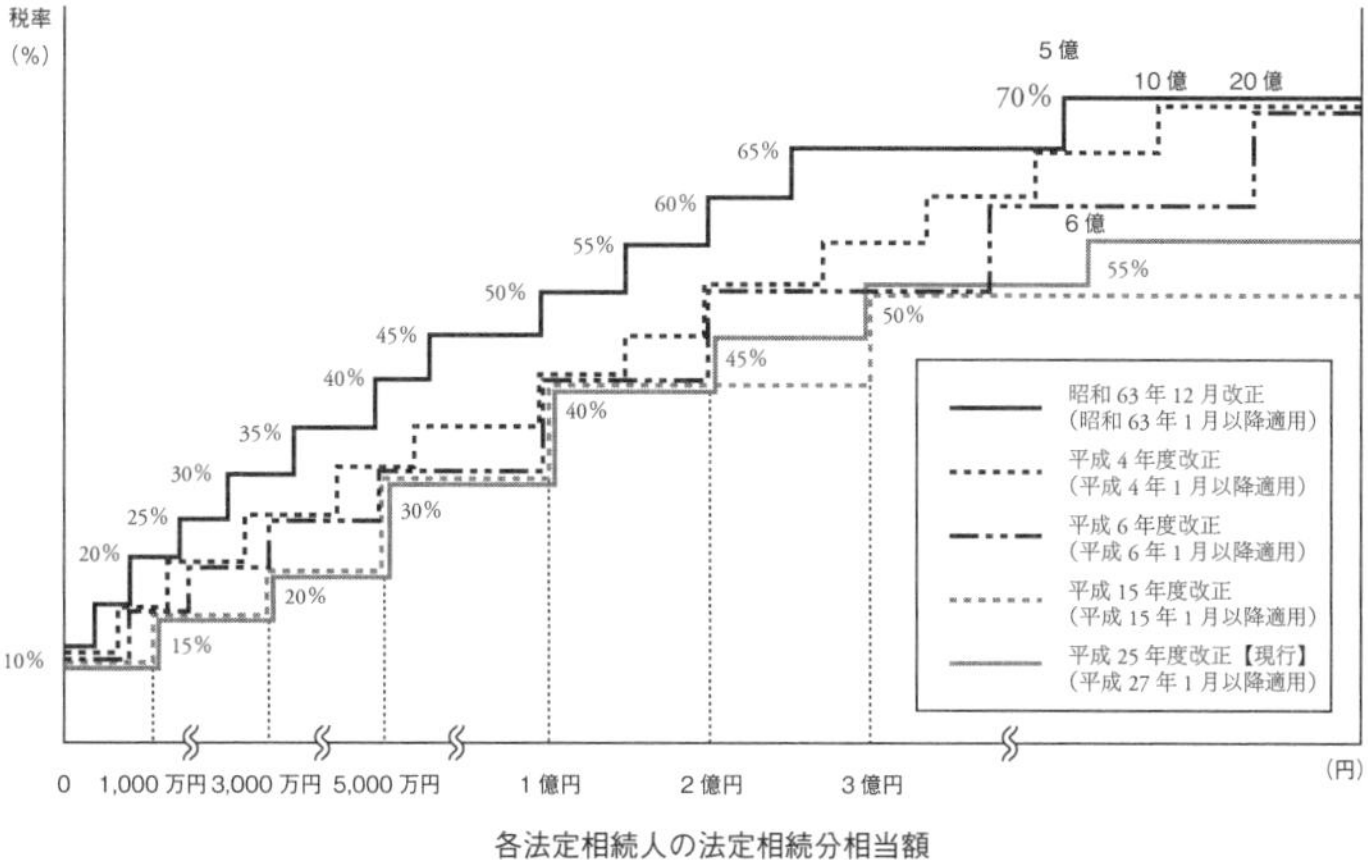

出所：財務省HP

図Ⅰ－10　最近における相続税率の推移

五四四二一人と比較すれば、およそ三%という低さである。しかし、総納税額の比率でいえば、およそ半額をこれらのごく少数の人が占めている。一〇〇億円を超えている人の納税額は、実に全相続額の一六・八%を占めている。ほんのわずかの人が、多額の相続税を納めているわけである。ごく少数の〝超〟高額所得者の税の支払い額が桁違いに大きいという、非常に極端なことが相続税に関して発生しているのである。相続税は大半の税収をほんの少しの人から集めており、税収を確保する目的からすると格好の税制といえる。

しかし、当然のこととして、高い相続税を払わねばならない高資産保有者からの抵抗は強い。特に親が広大な土地を保有していたり、企業を興して巨額の株式保有をしている資産家が、子どもに株式を譲って会社の経営にあたらせる際に、巨額の相続税を徴収されることになるから、経済活動の自由を尊重する立場からすれば、自由権ないし自由な経済活動の侵害という意見も出てこよう。あるいは家族の愛情を踏みにじるのかとの反対論もありえよう。

一方で、とてつもない額の遺産を親から相続するのは、子ども本人の努力の成果からきたものではないので、公平の見地からは巨額の遺産相続を容認できない、という主張もありうる。筆者はこの意見に賛成であるが、世の中で相続税率の低下論に根強い支持のあるのは、次の事情によると判断される。

すなわち、ここで述べたような巨額の相続額ではなく、小さな住宅用地を持っているごく普通の一般人、小さな土地を持っている農家、小さな商家、小さな町工場経営者等々も、できれば相続税を徴収されたくないと思っている。図I―9で見たように必ずしも多額ではない遺産を相続した人がかなりの数存在する、ということである。自分たちの相続分が課税されないか、非常に低い税率であることを願っている一般庶民は、自己の利益を守るために、高額遺産に対する高い税率にあえて文句を言わないのである。言い換えるならば、高遺産額に対する高い税率を批判すれば、逆に自分たちにも、すなわち平均的ないし低遺産額者に高い税率を掛けられるかもしれないと恐れているのである。このような小市民的な発想が、高額資産保有者への高い税率批判を控えさせているといえる。

最後に、ここで示された日本の遺産相続の実態から、老老格差の発生にどのような影響があるかを述べておこう。親から一億円以上の遺産を受領した人は少なからずおり、一〇億円以上あるいは一〇〇億円以上を受領した人もごく少数ながら存在するのである。これらの人はたとえそれらを中年期、あるいは初老の時期に受領していたとしても、資産の保有は高齢期まで続く。こういう人の高い資産保有額は前章までに見た資産保有額の老老格差の一つの要因なのである。特に格差の上にいる、さらに非常に上にいる高齢者がこの高い遺産相続額の恩恵を受けていることは強調されてよい。

2　貧困の世代間連鎖

高齢者に多い生活保護支給

次の関心は老老格差のうち、低所得あるいは貧困の高齢者である。前章で年齢別の貧困率を示して、高齢者に貧困の多いことを認識した。ここでの関心はそれら高齢貧困者が社会からどれだけの経済支援を受けているか、ということにある。一昔前であれば三世代住居によって高齢者が成人した子どもなどと同居していて、経済生活を共同で行っていたので社会から経済支援の必要性は低かった。しかし現代においては三世代住居は激減し、高齢者は夫婦二人で住むか、配偶者が死亡すれば単身で住むケースが激増した。そうするとこれら高齢者は自分の所得だけで独立に生活せねばならない。こういう場合であっても、成人した子どもや親族の人から送金という手段によって経済支援を受けることもありうるが、現代においては送金という風習も少なくなっているので、社会からの支援の必要度は高まっている。

社会からの経済支援策の代表はいうまでもなく生活保護制度である。政府が地域別、家族人数別に生活保護基準額を設定して、それぞれの世帯ないし個人がその基準額以下の所得しかないときに、政府がその世帯や個人に現金支給をするのが生活保護制度である。

日本の生活保護制度には様々な問題がある。第一に、本来ならば貧困なので（すなわち生活保護基準以下の所得しかない人）生活保護を受けてしかるべき人であるにもかかわらず、実際には受給していない人が相当数いる。例えば橘木・浦川（二〇〇六）では受給されている人が一五〜二〇％（これを捕捉率と呼ぶ）にすぎず、残り八〇〜八五％は受給資格がありながら現実には受給していないのである。

このような低い捕捉率には様々な要因がある。日本の生活保護制度の問題の続きになるが、保護支給の開始は貧困者からの申請を前提にしているので、人々がたとえ貧困であっても申請しなければ政府は積極的に動かない。これが第二の問題である。

ではなぜ申請しないのか。これが第三の問題になる。申請しないことの背景には、申請すれば貧困であることを世にさらすことになり、そのことに恥（スティグマと称する）の感情を持つ人がかなりいることがある。

第四に、日本の法律では三親等以内に経済的に余裕のある親族がいれば、まずその人が貧困者を支援せねばならない規定がある。そのためそういう親族がいるのかを探すのに時間がかかるし、支援を拒否された場合の手続きにも時間がかかる。

第五に、申請時に提出する資産調査の書類がかなり煩雑であり、なかにはそれを嫌う人もいる。生活保護支給の不必要な人（すなわち所得や資産のある人）に生活保護支給することは公平上から排除されなければならないことは事実なので、複雑な資産調査は避けられない。書類書きの手伝いなどはケースワーカーをうまく配備して助けるようにすれば、機能するはずである。

このようにして日本の生活保護制度には様々な課題はあるが、まがりなりにも受給されている人がいるので、その実態を本書の関心から年齢別に受給世帯を見てみよう。表I―5は被保護世帯の数を年齢別に示したものである。なお高齢者については総数への比率をも示しておいた。

この表でもっとも重要なメッセージは、六五歳以上の高齢者が生活保護受給者総数のうち、実に四九・七％を占めていることにある。つまり、今生活保護を受けている人のおよそ半数が高齢者という異常な状態にあるのだ。これは、老老格差の下にいる人の所得が非常に低いことの証拠となる。改めて老老格差の深刻なことがわかる。

後に詳しく分析することであるが、一部の高齢者の所得が非常に低いことの理由の一つは、年金をはじめ社会保障給付の低いことと、これは既に述べたことであるが高齢者の貯蓄残高の少ないこと（貯蓄ゼロの人も含めて）がある。年金額の少ないことの主要因は、現役として働いていたときの所得が低かったので拠出した保険料の額も低く、自然と年金給付額も低くなるからである。

貧困の世代間連鎖

現役世代に低所得、あるいは貧困の状態にあった人に関して、それが世代間で連鎖していることをここで検証しておこう。前節で遺産相続の介在によって、高齢者の高所得・高資産の世代間移転ないし連鎖を知った。ここでは貧困者の連鎖があるのかを探求しておこう。

貧困者の代表は生活保護受給者なので、親子が生活保護受給者であるかどうかを調べることによってかなりのことがわかる。ここで親子とは親が三〜四〇歳代、子がその幼児・少年少女期と

表Ｉ－５　年齢別の生活保護制度における非保護世帯数（2013年）

総数	～19	20～24	25～29	30～34	35～39	40～44	45～49
1562754	2134	9983	21840	37483	63246	95440	97993
100							
	50～54	55～59	60～64	65～69	70～74	75～79	80歳以上
	103139	133444	220326	212896	204801	169309	190720
				13.6	13.1	10.8	12.2

平均62.7歳　65歳以上　合計49.7%
出所：総務省『生津保護に関する実態調査』

いうことではなく、親が現役のときに生活保護を受けておれば、その子どもが大人になったときに生活保護を受けることになっているか、という関心事である。換言すれば、二世代、あるいは三世代にわたって生活保護受給者であるかどうかの分析なのである。

　厚生労働省（二〇一二）による「被保護母子世帯における世代間連鎖と生活上の問題」資料によると、親が生活保護受給者であればその子どもの二五・一％は生活保護受給者と報告されている。さらに現在の母子家庭で生活保護を受けている人のうち、三割前後の人の親世代は保護受給者であったとも報告されている。親子ともども生活保護受給者の家系が多いことは、貧困が世代間で連鎖している実態を示している。このことは高齢者における生活保護受給世帯の子どもたち（多分三〇歳から四〇歳代の人々）も生活保護を受給している人の多いことを類推させる。

　日本では貧困が世代間で連鎖している可能性の高いことがわかるが、そうした事態が発生する理由を簡単に述べると次のようになる。第一に、親が貧困者ならその人々の教育水準は高校中退か中卒の人が多く、その子弟の教育水準の低いことは確実に言える。日本では橘木（二〇一〇、二〇一五）の示すように、親の教育水準の高低、そして所得水準の高低が、子どもの教育水準を決める程度は高いのである。具体的には、有名な釧路市の調査によると、生活保護母子家庭の母の三人に一人は中学卒であり、その父親の四二・三％、母親の五一・九％（高校中退を含む）が中学卒であった。低学歴が世代間で継承されていることがここでわかる。

高学歴、低学歴のそれぞれが世代間で継承されていることを説明する一つの理由は、男女の結婚が低学歴の似た者同士でなされることにある。例えば橘木・迫田（二〇一三）を参照。換言すれば、学歴の同じ水準の男女が結婚する確率が高いのである。一昔前であれば、男の学歴の方が女の学歴よりも少し高かったので、夫が大卒で妻が短大・高卒、夫が高卒で妻が中卒という組み合わせも結構見られたが、現在の若い人では男も女もほぼ同じ水準の学歴にいるので、学歴の似た者同士は一昔前よりも多い。

ここでは駒村（二〇〇九）を引用して、日本人の間では夫と妻の学歴は似た者同士が多い、すなわち相関関係の高いことを示しておこう。表Ｉ―6は夫と妻の学歴の関係を示したものである。どの学歴水準を見ても対角線上の数字が突出して高く、同学歴の夫婦が一番多いことが如実に出ている。そして対角線の近くにある数字が対角線上の数字より少し低くなり、学歴の大きく離れたところの数字はもっとも小さいので、学歴の似た者同士の夫婦が同じもの同士の夫婦よりやや少なく、大きく異なる夫婦の組み合わせは非常に少ないことを示しているのである。低学歴を親子で継承する場合は、低学歴による低所得の可能性が高くなる。

表Ⅰ-6　夫の学歴と妻の学歴の関係　(同類婚指数)

妻の学歴	夫の学歴				
	中学校	高校	専修学校	短大・高専	大学・大学院
中学校	5.50	0.71	0.49	0.45	0.06
高校	0.90	1.38	0.82	0.84	0.57
専修学校	0.70	0.89	2.99	1.26	0.91
短大・高専	0.23	0.63	1.01	1.76	1.68
大学・大学院	0.02	0.20	0.45	0.42	2.58

出所：内閣府国民生活局「平成15年版国民生活白書」

貧困が世代間で連鎖している第二の理由として次のようなことがある。親は貧困なので生活に追われており、子どもの教育やしつけに疎かになることがある。子どもが勉強したいという欲望が低かったりするし、どのような仕事に就いたりどのように働いてよいかのアドバイスが親から子になされることが少ない。そうするとこういう子どもは大人になってもいい仕事に就けないかもしれないし、勤労意欲も高くない。一部の子どもはそのことから犯罪に走ることもあって、生活が荒れることがある。こういう子どもは大人になっても稼ぐ能力が低くならざるをえないことがある。

第三に、これは確固たる統計データはまだないが、親が離婚によって母子家庭になっているケースでは、子ども（特に娘）も離婚する可能性が高いもの、と予想できる。「親の姿を見て子は育つ」ということわざがあるように、子どもは離婚に対する抵抗感が高くないかもしれず、双方が母子家庭ということで母親の貧困が娘の貧困として連鎖する可能性がある。

第4章　熟年離婚は勧められるか

熟年離婚とは

高齢者が遭遇する一つの事象に熟年離婚がある。高齢者は一般に六五歳以上とされているので、必ずしも熟年離婚をする人のすべてが高齢者ではないが、高齢者になる前の熟年者がもし離婚した場合に、その人が再婚しない限りにおいては一人暮らしを余儀なくされる。したがって単身高齢者を生むかもしれない、あるいはその予備軍になりうる熟年離婚は老老格差の考察に値することなのである。

そもそも熟年とは何歳から何歳までを意味するのであろうか。厳密な定義はなく、ある人は六〇歳から八〇歳までを想定するし、ある人は四五歳から六九歳（または六五歳）までを念頭におく。高齢者の定義（例えば六五歳以上とか）は厳密になされていることが多いが、熟年者の定義はまだなされておらず、ここでは四五歳から六五歳までということで理解しておく。ただしここで熟年離婚を語るときは、六五歳を超えた人の離婚をも含めるので、ここでの分析対象は正しくは熟年・高年離婚と称してもよい。あるいは年をとってからの離婚とざっくり理解してもよいが、熟年離婚という言葉で代表させる。

まず、熟年離婚というのはどの程度発生しているのであろうか。それを見る手掛かりには二つの指標がある。一つは年齢別に離婚率を調べて、年齢による差が離婚の発生率に影響があるのかどうかを調べること、もう一つは結婚期間年数の長短が離婚にどのような影響があるのかに注目する。

前者については、表I—7が一九三〇（昭和五）年から現代（二〇一四年）までのおよそ八〇年にわたる期間について、男女別に年齢別の離婚率を示したものである。この表によると、もっとも離婚率の高いのは年齢でいうと二五歳あたりから四〇歳あたりまでの六〜八％であり、熟年層の離婚率はそう高くなく、二〜四％の低さにとどまっている。これらの数字からは熟年離婚はそう多発しているのではない、といえる。高齢者（六五歳以上）に注目すると、せいぜい〇・四％前後の低い離婚率なので、この世代については離婚にそう関心を寄せなくてよい。高齢者にとって深刻なことは離婚よりも、配偶者の死亡による離別によって一人身となることにある。

せっかく昭和初期から現代までの年齢別の離婚率を示したのであるから、過去と現代との比較をしておこう。この表からは、年齢に関係なく過去から現代にかけて、戦後の一時期は低い時代もあったが、日本人の離婚率が上昇したことがわかる。とはいえ、年齢別に見ると過去と今では離婚率の高低の特色に変化はなく、中年層の離婚率が高く、熟年層の離婚率はそれほど高くないことが示されている。時代によって年齢別の離婚率に変化のなかったのが日本の特色なのである。換言すれば、いつの時代にでも離婚するのは中年であり、熟年・高年層はそう多く離婚しないの

表Ⅰ－7　性、年齢、（5歳階級）別離婚率（1930～2013年）

年齢	1930年	1950年	1970年	2013年	1930年	1950年	1970年	2013年
	夫				妻			
総数	2.50	2.01	1.47	3.17	2.52	1.85	1.38	2.97
19歳以下	0.10	0.09	0.03	0.16	1.04	0.62	0.19	0.45
20～24	2.14	2.47	1.12	2.50	5.41	4.47	2.59	4.20
25～29	5.59	5.51	3.64	5.82	5.44	4.33	3.72	8.03
30～34	5.04	4.11	3.23	7.52	3.97	2.70	2.48	8.69
35～39	3.86	2.81	2.19	6.68	2.75	1.69	1.62	7.03
40～44	2.83	1.95	1.40	5.57	1.94	1.10	1.02	5.59
45～49	2.14	1.30	0.93	4.60	1.41	0.66	0.59	4.08
50～54	1.52	0.90	0.59	3.37	0.87	0.39	0.36	2.49
55～59	1.20	0.62	0.48	2.23	0.57	0.24	0.21	1.34
60～64	0.92	0.42	0.35	1.41	0.33	0.09	0.12	0.79
65～69	0.62	0.30	0.29	0.90	0.14	0.09	0.08	0.50
70歳以上	0.42	0.19	0.19	0.34	0.05	0.03	0.03	0.13

出所：厚生労働省『人口動態統計』（表の数字は％）

である。

後者については、図Ⅰ―11による同居期間別離婚件数によって、結婚年数の長短の影響を見てみよう。同居期間を結婚期間年数と同一であるとみなすにはやや問題がある。なぜならば、第一に、公式に離婚する前に別居をする夫婦はかなりいるし、第二に、結婚しておきながら例えば単身赴任などで別居する夫婦もいる。第二のことは離婚ではないので深刻にとらえなくてもよいが、第一のことは事実上の離婚を意味するのでやや深刻である。でもそこまでのことをこの統計で区分できないので、統計数字を修正することなく、そのままの数字を用いることとする。

この図で興味あることは、同居年数二〇年以上の夫婦の離婚件数が一九七五（昭和五〇）年あたりから急増し始めたことにある。現代では一六・六％にも達している。年齢に関係なく日本で離婚数の増加したことに符合してはいるが、同居年数の短い（例えば五年未満や五～二〇年）夫婦よりかは増加率が顕著に高いので、長期間夫婦であった男女の離婚が目立つようになったと結論づけてよい。例えばシニアルネサンス財団の統計によると、同居期間が三〇年以上に限ると離婚件数がここ一〇年で三倍も増加したという報告すらある。

これの意味するところは、長い年数にわたって寄り添っていた夫婦が四〇歳代、あるいは五〇、六〇歳代になってから離婚する比率の高まったこととなる。こうした状況をみたうえで、熟年離婚をどう評価すればいいのだろうか。

熟年離婚の評価

日本で離婚が成立するのは九〇％が協議離婚なので、男女が合意の下で夫婦の契約を解消するケースが圧倒的に多い。したがって、表面上はケンカ別れではなく、お互いが相手と一緒にいることを好まなくなったのであるが、裁判所などによる判決が一％、調停による離婚が九％と少なからず存在している。おもしろいことに家庭裁判所に対する離婚申し立てに関しては、妻からの申し立てが夫からの申し立てよりも約三倍弱の数に達しているので、結婚生活への不満は夫よりも妻の方がかなり強いのである。もっとも約九〇％が協議離婚なのですべての離婚が妻の不満の強さから発生していると結論づけられないが、協議離婚の調停にあたっている調停委員へのヒア

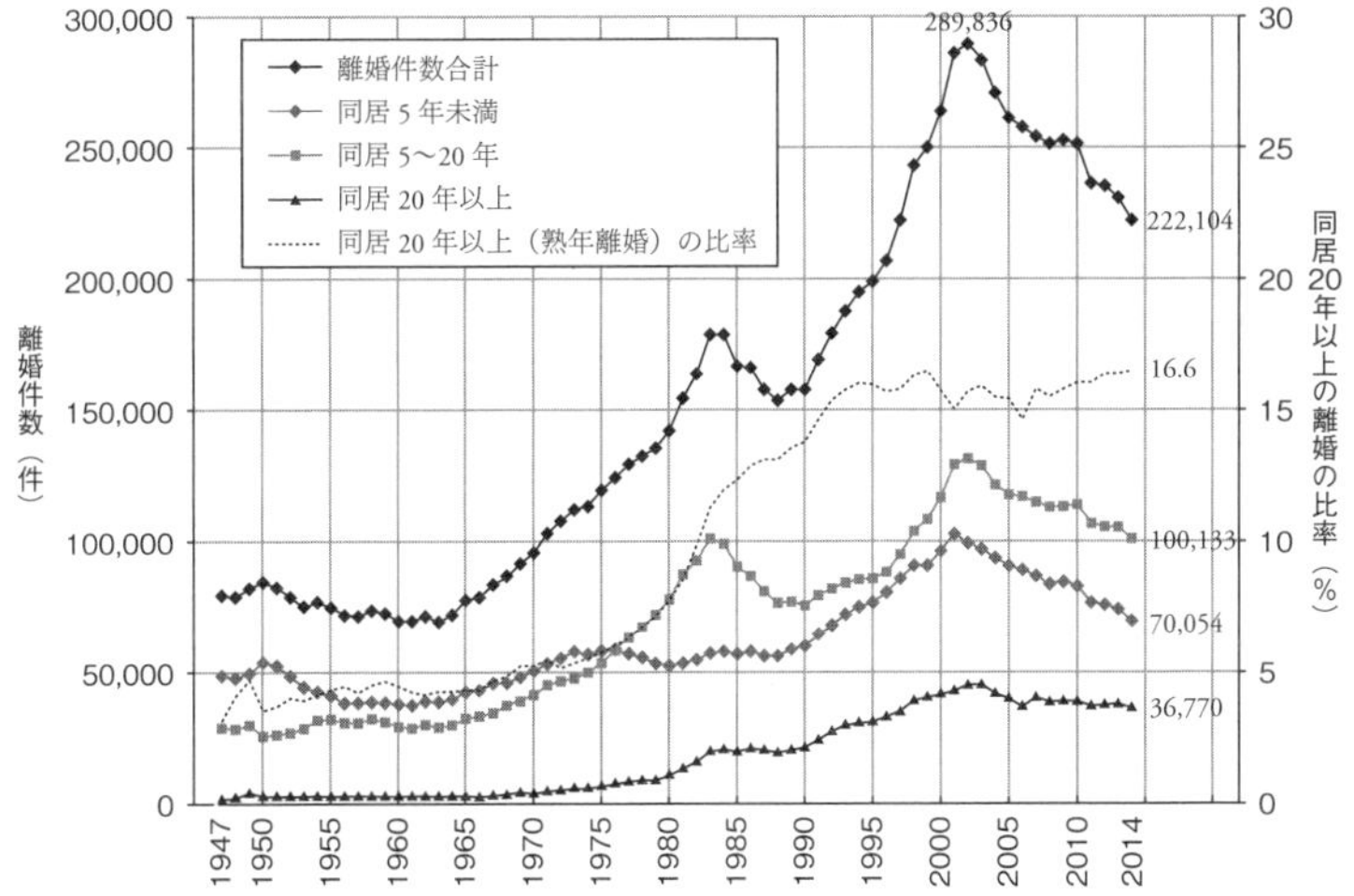

出所：厚生労働省「人口動態統計」（最新年は概数）

図Ⅰ－11　同居期間別離婚件数の推移

リングから教えられたことによると、女性からの希望がより多いということなので、日本の離婚は女性からの意思表示によって発生しているものが多いと解釈してよい。

熟年離婚に関しては女性からの希望が多いことは確実である。数年前の年金支給の妻分割案が論じられたとき、妻が離婚に色めき立ったということがあったことで、女性の意図の強いことが想像できる。夫婦の年金分割案については後に論じる。

本書の目的は離婚を本格的に分析するものではないのでそれは橘木・迫田（二〇一六）に譲り、ここでは熟年離婚の理由とその効果について断片的に議論することにとどめる。年齢を問わず離婚の原因としてよく挙げられるのは、（1）性格の不一致、（2）不倫、（3）夫婦の経済生活ができなくなった、(4)身体的・肉体的な病気や傷害、(5)他の親族との不仲、(6)配偶者(主として夫から妻)への暴力、など様々がある。

これらの理由に加えて熟年者に特化すれば次のような理由が登場する。(7)子育てがほぼ終了して、子どもの自立に目途がついた。(8)自分の親、ないし配偶者の親の介護の苦労が深刻となり、耐えられなくなった。これは自分の配偶者(すなわち夫ないし妻)のこともありうる。(9)長年一緒に住んでいて若年期や中年期では我慢もできた不満だが、それが年をとるとともに蓄積して臨界値を超えた。(10)夫が外で仕事をしているときは家にいないので昼間の不満はなかったが、夫が引退して一日中家にいるようになると、家事をはじめなにもしない夫が無用の長物に見えた。

ここで述べた様々な熟年離婚の理由について、筆者なりの解釈ないしコメントを書いておこう。(1)の性格の不一致であるが、現今の夫婦が結婚する動機は恋愛結婚が主なので、結婚前はお互いに惚れたのであるし、付き合い期間もあったろうから、相手の性格をお互いに熟知しているると思われる。そこに性格の不一致というのは、長い人生で人の性格は変わる可能性がありうることは容認せねばならないので、離婚の理由として全否定するものではない。しかし長年寄り添った仲である。多少の性格の乖離は許容するところがあってよいし、人生の苦労を経験したことによって、もっと寛容性の発露があってよいのではないだろうか。

もう一つ忘れてならないことは、離婚コンサルタントの話によると、離婚の理由の本質は他にあって、もっとドロドロした要因のこともあるが、性格の不一致としておいた方が通りがよい、ということもあるようだ。

（2）不倫に関しては一言で語れない。それこそ千差万別の男女関係の姿、形があるので、夫婦である夫ないし妻が配偶者以外の異性と関係を持つ姿・形も千差万別である。コンスタントに肉体関係を持つ姿から、肉体関係のない逢瀬までいろいろであるし、相手の数が不特定多数から特定の一人との濃密な関係まで、これまたいろいろである。さらに複雑なことは、世の中には性的サービスをなりわいとする職業が存在していて、金銭取引を伴うビジネス的な男女の性的関係もありうるので、不倫の相手がいわゆる一般人たる素人と性産業従事者とでは意味の異なることとなる。法律の専門家から聞いたことであるが、夫が性産業従事者と金銭の授受を伴って一度のセックスをしても不倫とは認定されないとのことである。人間特有の五欲（食欲、睡眠欲、性欲、財欲、名誉欲）のうち、本能としての男には性欲が強いので、こういう行為は不倫としない人間の知恵なのかもしれない。

不倫は夫婦の解消（すなわち離婚）や家族の崩壊（すなわち子どもを二人で育てられなくなる）につながることがあるので、できるだけ避けることが望ましい。離婚や子どもを失うことによって普通の人は不幸を感じることが明らかにされている。とはいえ逆に、真に嫌悪していた相手と別れたときはむしろ幸福度が高まることがあるので、離婚が絶対にダメとも言い切れない。

しかし、本書の各所で述べたように、高齢単身者の生活は貧困に陥る可能性が高い。なぜなら医療、介護、心の安心感などにおいて不十分な生活を強いられることになるからである。経済学的な見地から言えば、熟年離婚はこの高齢単身者になる予備軍として位置づけられるので、できるなら単身になるよりも夫婦で高齢者になることが勧められる。

（3）経済生活ができなくなったことによる離婚とは、雇用者であれば失業者になったとか、自営業者であれば経営破綻したことで、経済生活が苦しくなったことによる。この理由による離婚、筆者は理解に苦しむものである。人生誰にでも生活の苦しい時期は到来することであるし、二人が結婚するということは苦しいときも助け合っていくというのが夫婦の契りではなかったのではないだろうか。普通の人であれば経済生活を立ち直らせることは可能である。

もとより夫婦のどちらが働く意思を全く失ってしまったとか、大浪費をしたとか、酒やギャンブルに走って借金漬けになったとかいうように、常軌を逸した行動をすることによって家計が破綻したときは、それを反省して二度と繰り返さないことがない限り、経済生活の破綻による離婚はやむをえない。

（4）どちらかの配偶者が不具者のような重病となってしまったとか、重い精神病患者になってしまったときの対処がもっとも悩ましい。なぜならば夫婦、家族というのは愛し合う人同士の結びつきなのだが、二四時間中の看護、介護、監視の必要な家族を持ったときにどうするか、資金の余裕があれば施設への収容が可能であるが、そうでない場合には家族の愛情に期待するしかない。苦しいだろうができれば離婚を避けてほしいとしか言えない。

(5) 他の親族との不仲は、昔は嫁姑問題で代表されるように、親族間のトラブルによる離婚は見られたが、現代では大家族制度、あるいは三世代住居はかなり減少しているので、このリスクは深刻でなくなっている。嫁姑問題は同居するので発生する可能性が高いのであり、別居しておればそれは低いので、今後はさほど問題にしなくともよい。もっとも別居していても「口出し」が多いということでトラブルの原因になることもあるが、個人主義の深化している時代なので、「口出し」も少なくなるであろう。

(6) むしろ増加しているのは、DVで表現されるように夫の妻への(稀に妻から夫への)暴力であり、深刻さを増している。さらに親から子どもへの暴力や子育て忌避も出現しており、夫婦間の暴力とともに離婚の一原因となっている。これらに関しては、人間として耐えられないほどの被害を受けたのなら、裁判の力を借りてでも離婚に向かうことはやむをえないと判断できる。

熟年に特有な論点

(7) 子育てが終了した頃なので、熟年離婚は容認できるという主張をどう評価すればよいだろうか。基本的にこの主張に異議はない。動物の本能として子孫の維持があるが、子育てというのはまさにこれに合致する。子どもが一人立ち、あるいは独立できる年齢に達しているのであるから、親の責任は十分に果たしていると理解できる。

したがって、熟年夫婦がこれまで列挙した理由によって離婚が避けられないときに、子育てが終わっているのなら離婚を踏みとどませる理由とはならない。子育てという大変重要な任務を全うしたのであるから、これからは自分の人生を大切にしたいとして、熟年離婚に踏み込むことに真っ向から否定はしない。しかしこれまで述べてきたように一人の単身高齢者になったときの大きなリスクを考えれば、夫婦を続けながら自分の好きなこともできるような方向にするのが望ましい。そしてそれは可能である。なぜなら子育てという資金と時間の必要な生活費用がなくなったわけであるから、その資金と時間を自分の好きなことにまわせるからである。

（8）自分の親ないし配偶者が要介護になるということは熟年世代に起きることなので、この理由は意外と深刻であるかもしれない。ここで大切なことは、介護の任務を全部自分で抱え込むのではなく、家族全員で任務を分け合うようにすることと、第三者による介護サービス（通所や施設）を受けるようにすることだ。高齢社会に突入して、特定の個人（昔であれば長男の嫁）が介護の全責任を負うような時代ではないので、介護の苦労によって熟年離婚が発生しないように、いろいろな対策はある。

（9）長年の不満の蓄積に関しては、実はもっとも厄介な熟年離婚の原因かもしれない。子育てが終了するまでと我慢していたところ、子育て終了時に一気に不満の蓄積が噴出することかもしれない。さらに（10）の夫が外で働いていたときは家にいた妻の不満は少なかったかもしれないが、夫が働きをやめていつも家にいるようになって、家事をしない無用な男から解放されたいという希望も、長年の不満の蓄積と同次元と評価できよう。

これらに関しては、二人の間での徹底的な会話を継続することによって、不満をぶつけあい、そしてお互いが納得できるような、そして相手の不満を和らげる方策を見つける努力が必要である。ここで大切なことは、相手に譲歩を求めることがあってよいが、自分も譲歩する姿勢を同時に保持することにある。

（9）と（10）の理由は案外厄介なものと述べたが、その根拠は人間も四〇歳代から六〇歳代になると、性格・人格も固定化されるので、そう簡単に人生の生き方を変更できない体質になっているからである。

ここで一つの妙案がある。長年の不満をもう一度見直すことと、配偶者の生き方の長所を再発見するために、一時的な別居をすることだ。別居は離婚に至るまでの前段階とみなされているが、ここでの別居はそうではなく、しばらく意図的に夫婦が独立して個人で住むことを経験するのである。自由を謳歌できることは確実であるし、自分の好きなことのできる時間は増加する。すなわち、人生を楽しむことができる。その一方でしばらくこの期間を経験すると、これまで蓄積されてきた相手への不満の真髄が明確になるし、願わくはその不満が取るに足りないものと気付くかもしれない。何ヶ月、あるいは何年かの別居の後、二人は再び一緒に住みたいという気になれば、夫婦生活の再開というきわめて好結果になる。

年金分割

熟年離婚を促進する現象として、一時話題となった年金分割案を考えておこう。二〇〇八（平成二〇）年に年金制度の改訂があって、夫と妻が望むなら（あるいは夫は認めなくとも）年金支給額をそれぞれに分割支払いができるようになった。夫婦が健在のとき、あるいは離婚したときでも年金受給権者は働いて保険料を支払っていた人（すなわち夫）であったが、離婚した配偶者にも年金受給権が与えられるようになったのである。もし妻に年金が独立に支給されるのなら、離婚しても生活に困らないだろうという予想から、この制度の改訂によってから女性から離婚を申し出るケースが増加するだろうと、マスコミなどで騒がれた時期があった。

ところが誤解がいくつかあった。例えば、雇用者や公務員の加入する厚生年金や公務員共済であれば、分割が可能なのは報酬比例部分だけであるし、夫が自営業者ならそもそも国民年金の定額部分しかなく報酬比例部分はないので、分割はありえない。年金総額の約半分の額が妻に年金支給が可能という年金分割ではなく、かなり少ない額の分割しかなされえないというのが現実なのであった。妻をガッカリさせたことは確実で、年金分割制度の導入によって妻からの発議による離婚の数は増加するだろうという予想は完全に外れたのであった。

図I—12は年金分割制の導入前と導入後における女性の離婚件数を示したものであるが、明らかに熟年離婚の数はこの制度改革の影響を受けなかったのである。マスコミの騒ぎすぎという結果になった。

これからの時代を考えれば、この年金分割の話題は徐々になくなるだろうと予想できる。なぜならば、女性の勤労がこれまで以上に増加するであろうから、男性・女性ともに個人で自己の厚生年金などに加入するので、個人で給付を受ける人が多くなるからである。もっともいまだに女性は非正規で働く人が多いので、年金制度に加入できないか、加入しても低賃金による低保険料、したがって低年金給付であることとなる。男女ともにフルタイムで働く時代になれば、このような問題は発生しない。最後に残るのは、男女の賃金格差の存在、あるいは女性の方が男性より企業や役所で昇進確率の低いことによる賃金格差の存在なのである。

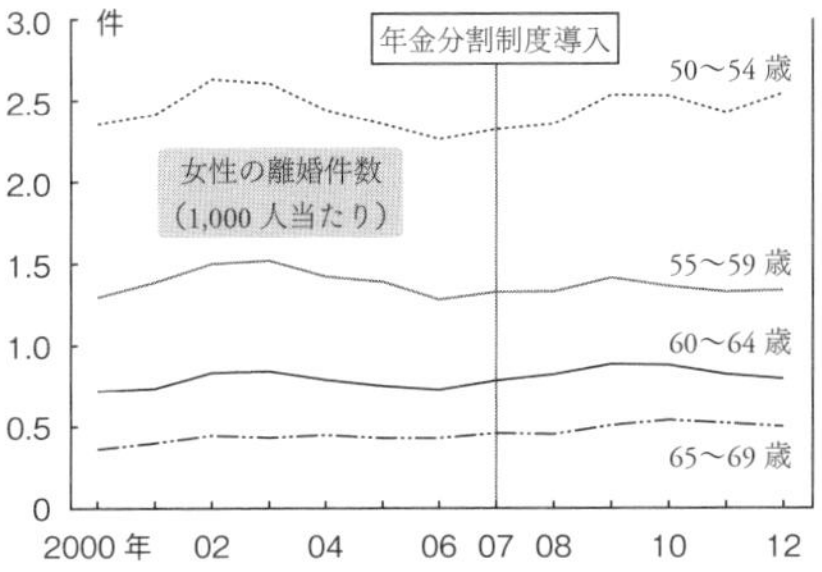

出所：厚生労働省「人口動態調査」

図Ⅰ−12　女性の離婚件数に年金分割の影響はあまり見られない

まとめ

老老格差において下位の地位にいる高齢者の大半は、単身者である。高齢単身者になる道は次の三つにある。（1）高齢になってからの配偶者の死亡、（2）高齢・熟年期の離婚、（3）生涯独身、である。ここではこれらのうち、（2）高齢・熟年期の離婚を論じて、単身になることの悲劇を考えてみた。高齢になってからの離婚率は非常に低いので、（2）では主として熟年離婚者のことみなしてよい。熟年になってから離婚して、そのまま高齢の単身者になってしまう。こうした事態は個人的な問題を多分に含むとは言え、経済学的にはよい選択ではない。考え方と変えれば、ではどのようにして現在の老老格差の下位に単身高齢者がいる状況を変えることができるのか。そのためにはもっと細かい具体的なこと、とくに社会保障について分析する必要があろう。次の第II部ではそうしたさらに詳しい分析をしてみたい。

第Ⅱ部　社会保障と老老格差

第1章　高齢者における医療保険と健康格差

健康格差とは

健康格差は医療格差と呼ばれることもあるが、人々が健康であるかどうか、病気になる頻度やその重病度、あるいは受けられる治療の質などに格差が生じるかどうかに注目することである。例えば、人々の間に平均寿命の差があれば、健康格差はあると想像できるし、良い治療を受けられる人と悪い治療しか受けられない人の差があれば、これは医療格差と称してもよい。

特に関心の寄せられる点は、人種、性別、年齢別、職業別、学歴別、所得階級別、地域別、単身者かそれとも家族のいる人か、有保険者と無保険者の差、加入している医療保険制度の差、病院の質の差など、様々な要因が健康格差に影響のあることが知られている。いくつかの要因を議論することは重要である。本章では特に日本において深刻な影響のある要因に注目してみたい。

ここでなぜ健康格差の問題を議論することが大切であるのかを、日本に即して考えてみたい。日本の医療の特色は次の三点にある。第一に、世界第一位の長寿国（少なくとも女性）であるし男性も長寿なので、日本の医療と薬剤の分野はかなりうまくいっているのではないかと信じられている。第二に、誰でもどの病院にでも通院できるので治療を受けられない人は日本には存在していない。いわゆる医者へのフリーなアクセスが保障されている。第三に、医療保険制度に関しても「日本は皆保険の国である」との通念があるので、すべての人がなんらかの医療保険に加入していると考えられてきた。これら三つの特色から日本の健康格差は小さいと考えられてきたので、一部の識者を除いて、これまで健康格差はさほど議論されてこなかった。まずここで述べた三つの通念が真であるかどうかを吟味する必要があるし、以前はこの通念は正しかったが現代に至ってそれが弱まっているか、崩壊しているかもしれない、という予想もありうる。橘木（二〇一五）は日本においても健康格差が存在し、かつそれが拡大中であると示した。

もう一つの動機は、格差問題が日本における社会・経済問題の大きな課題の一つになりつつあるし、健康格差というこれまでさほど注目されてこなかった課題に目を向ける意義があるということだ。先進諸国においてもっとも格差の大きい国とみなされるアメリカでは、実はこの健康格差は深刻な現状にあり、分析例が多い。日本とアメリカは資本主義国の盟主であるし、新自由主義を信じる人の多い共通性がある。ちなみにアメリカと日本は貧困者の存在率で評価すると主要先進国で一位と二位という高率である。このことからも日本における健康格差を考えることに価値はある。さらに高齢者間に医療格差があるのかも重要な関心事となる。

諸外国の例

健康格差が先進国と発展途上国の間に存在することは容易に想像できる。前者は経済的に裕福なので、病気の治療を多くの人が受けられるだろうし、医療技術も進歩しているだろうが、後者においては経済的に豊かではないので治療の受けられない人が多いだろうし、医療技術も低い可能性が高い。

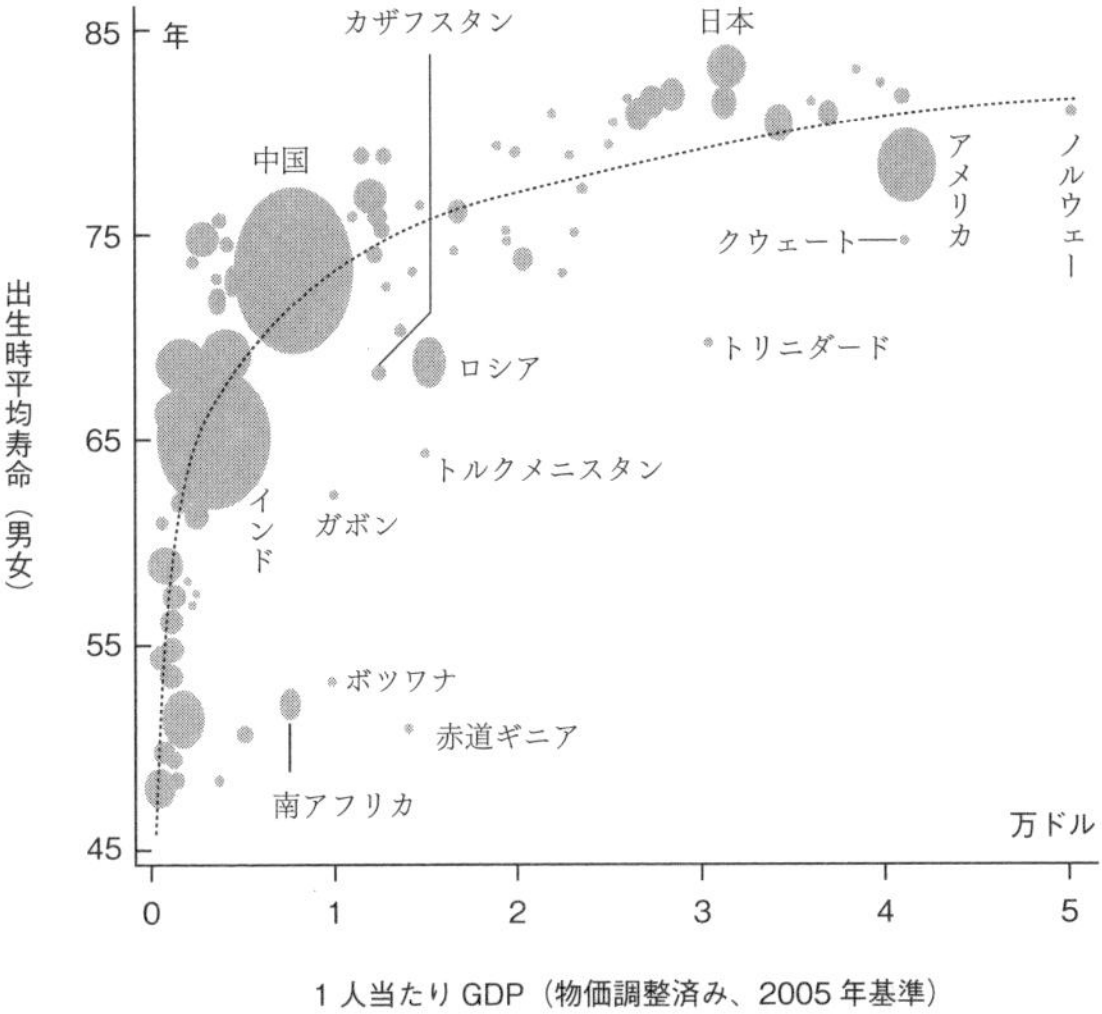

出所：『大脱走』（みすず書房）より

図Ⅱ-1　平均余命と一人当たり GDP（2010 年）

このことを見事に示したのがディートン（二〇一四）である。図Ⅱ—1は世界の多くの国に関して、一人当たりGDP（すなわち経済的な豊かさの指標）と出生時の平均余命の関係を示したものである。円の大きさは各国の人口の大きさを示したものである。この図によって国民が豊かになれば平均余命は高くなるということがわかる。

しかしこの図を詳しく検討すれば、次のようなことが指摘できる。第一に、一人当たりGDPの低い国（すなわちゼロに近い値から一万ドルあたり）同士の間でも、二〇歳近くの平均余命の差があるので、必ずしも経済が貧乏である国のすべてで平均余命が短いのではない。これは他の要因（例えば疫病とか風土病の存在や、食料品のことや医療施設の利用・可能性など）が影響を持っていることが考えられる。

第二に、平均寿命の比較的に高い国に注目すれば、経済の豊かな国とそうでない国の差が明確である。例えば裕福度の低い国である中国と高い国であるノルウェーの間では経済裕福度に差があるが、平均寿命の差は小さいのである。これはその国の医療体制における効率性の違いや、人種などの違いも影響していると考えられる。

医療体制の効果を端的に示す図があるので、それを示しておこう。図II―2は経済的に豊かな国の間においても、医療費支出の額と平均余命の間には相関のないことを示したものである。具体的には富裕国二〇ヵ国あたりと、平均余命の関係をグラフ化したもので、両者にはほぼ相関ないと言ってよい。極端な例は日米両国で示される。すなわちアメリカの一人当たり医療費は六〇〇〇ドルに近く、一方の日本は二〇〇〇ドル強という三倍弱の差があるが、平均余命は日本が長くアメリカが短く、その差はおよそ四歳である。

この日米間の逆相関はなぜ現れたのか、いくつかの仮説を提示できる。第一に、アメリカの医療費は格別に高いことが既に有名であり、逆に日本のそれは低いということがある。第二に、アメリカ国民の間では高所得者は高医療費の国だけに良好な治療を受けられるが、貧困者は高い治療費を出せないので良い治療が受けられずに早死する可能性がある。これはアメリカ人の平均余命を下げる要因として作用する。日本ではこうした問題はまだアメリカほど深刻ではない、という認識がある。

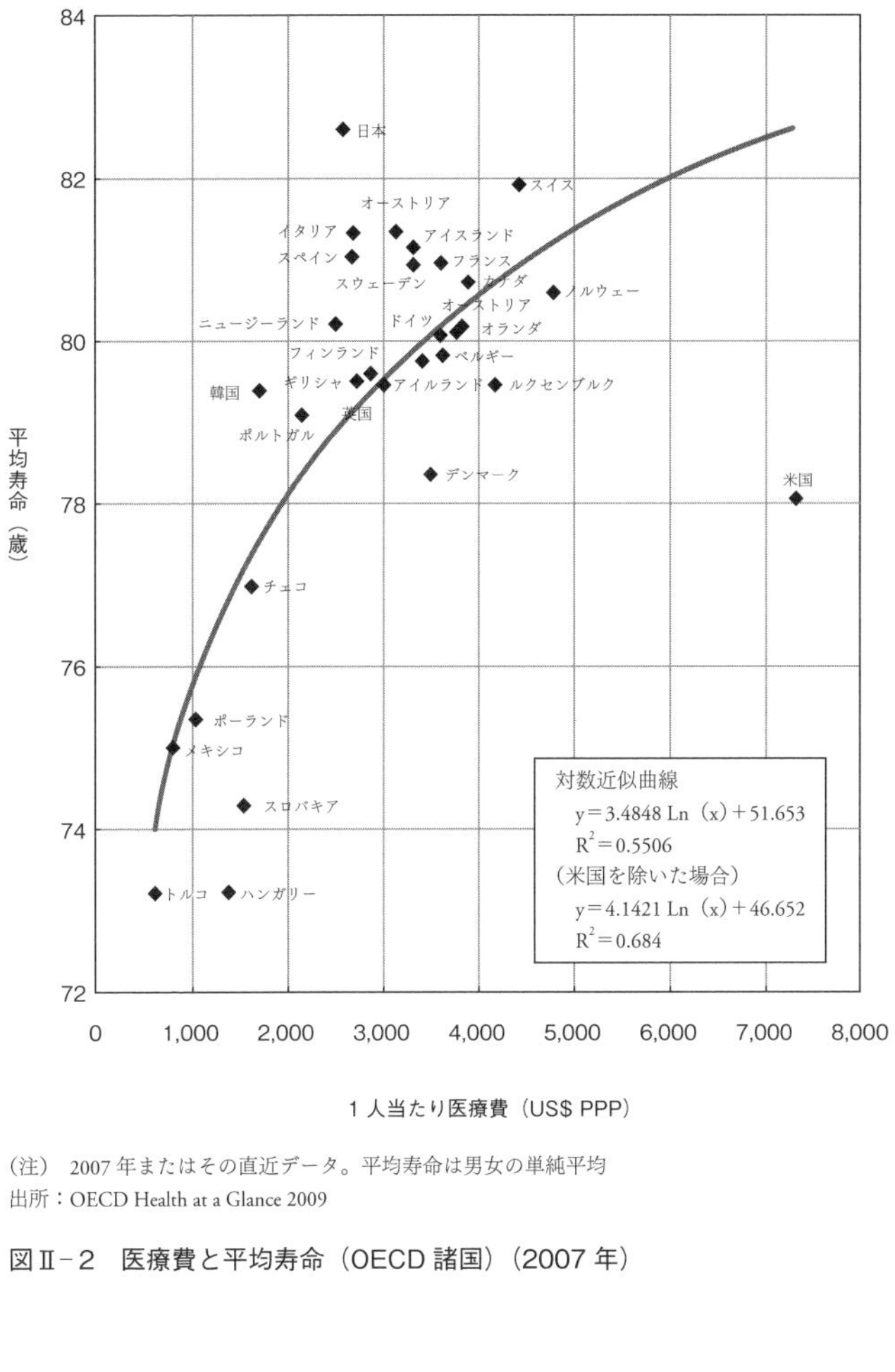

（注） 2007 年またはその直近データ。平均寿命は男女の単純平均
出所：OECD Health at a Glance 2009

図Ⅱ－2　医療費と平均寿命（OECD 諸国）（2007 年）

第二の点に関してアメリカの現実を見ておこう。すなわちアメリカでは高所得者と低所得者の間で平均余命の差、すなわち健康格差が大きいかどうかの検証である。二つのソースがある。第一は、所得階級別に五五歳に達したアメリカ人があと何年生きるか、という統計である。表II―1はそれを示したもので、具体的には一九四〇年生まれで五五歳まで生きた人が対象であるし、それらの人の経済状況は中年時代での所得額で代表させている。生まれたときから何年生きるかという平均余命とは異なることに注意されたい。五五歳まで生きた人は、その後も長く生き延びるという特質を頭に入れておきたい。

この表でわかることは、所得の高かった人と低かった人の間で、平均余命に大きな差がある。例えばトップ一〇%の所得階級の人とボトム一〇%の所得階級の人では、実に男性で一〇・七年、女性で九・五年の大きな差がある。さらに男女ともに、所得の低い人から高い人になるにつれて平均余命が確実に伸びているので、所得格差による平均余命の差はかなり大きいのがアメリカであり、富裕者の長命と貧困者の短命は明確なのである。

第二のソースはアメリカの州別の平均余命をその州の所得格差と関連させたもので、図II―3がそれである。これによると、所得格差の大きい州ほど平均余命が短く、逆に所得格差の小さい州ほど長いという、負の相関が見られるのである。これはすなわち、第一のソースと同じことを述べており、州別の比較によってもアメリカでは高所得者の長命と低所得者の短命を物語っていると解釈できる。

なぜこれほどまでにアメリカでは所得階層による健康格差が深刻であるのか。いくつかの要因がある。まずアメリカにはヨーロッパや日本のように国民全員が加入する公的医療保険制度がないので、皆保険制度の国ではない。とはいえ民間の保険会社の提供する医療保険制度は存在するが、医療費の高いことから保険料が高く、低所得者の人はその私的保険に加入できない。民間企

表Ⅱ－1　アメリカで55歳の人はあと何年生きるか

所得階級	男性	女性
トップ10%	34.9	35.3
81～90%	33.0	33.4
71～80%	31.4	32.3
61～70%	30.3	31.6
51～60%	29.6	30.9
41～50%	28.9	30.1
31～40%	28.3	28.9
21～30%	27.5	27.5
11～20%	26.4	26.6
ボトム10%	24.2	25.8

出所：Barry Bosworth HP.

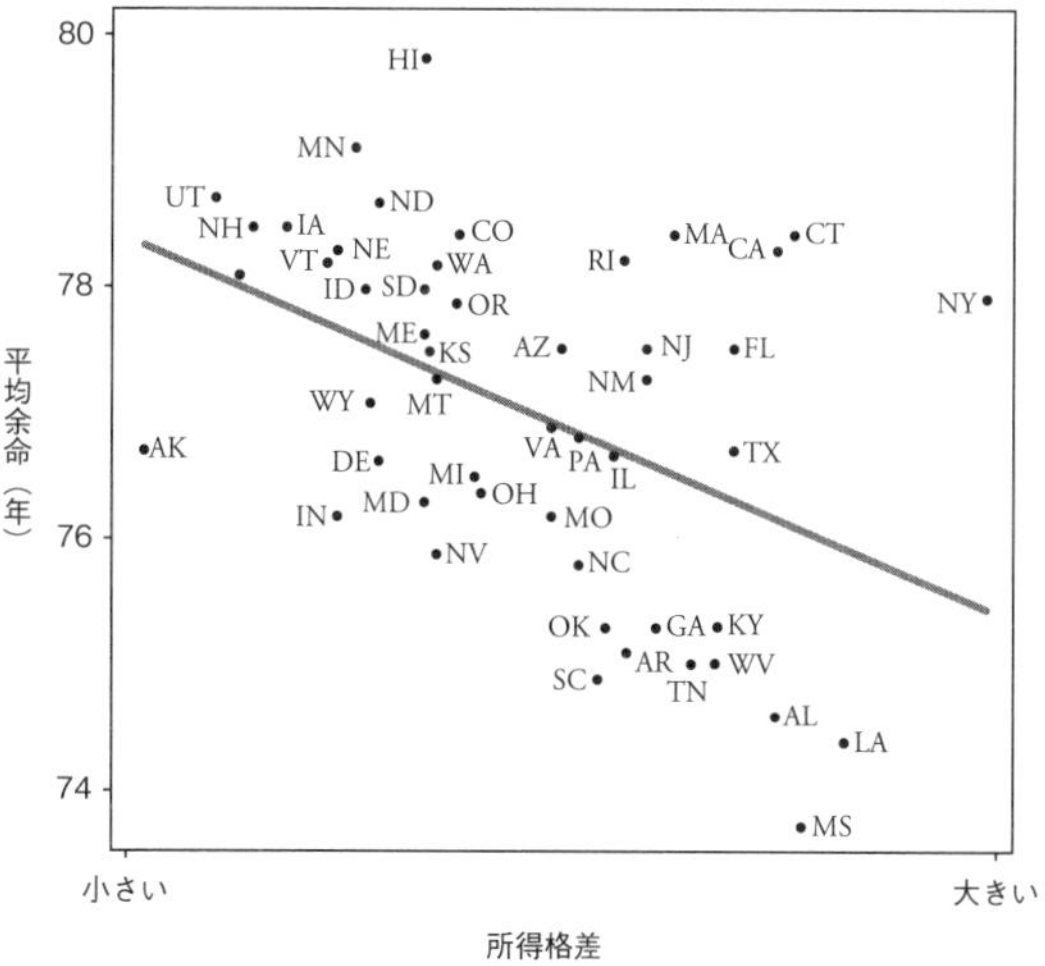

出所：ウィルキンソン、ピケット（2010）

図Ⅱ－3　アメリカにおける州別の所得格差と平均余命

業の経営する保険制度なので審査の厳しいことはある意味当然であり、そこからも病気にかかりやすい低所得者は排除されがちである。国民の一五％前後の人が無保険者という報告がある。こういう人はとても高い治療費を払えないので、医療の恩恵を受けられず、早死に至るのである。

アメリカではこのような無保険の人をなくす必要があるとして、政治運動として保険制度の改革の声はあった。代表的にはヒラリー・クリントンが夫で民主党のビル・クリントン大統領時代に補佐官として運動を行ったが成功しなかった。同じく民主党のオバマ大統領になってからようやくその運動が実を結び、不十分ながら国民皆保険制度への道に進んだ。

とはいえ決してヨーロッパや日本のような公的な医療保険制度を創設するといった運動ではなく、民間における私的保険制度の枠内において、できるだけ多くのアメリカ国民が加入できるような支援策を講じるといった政策である。なぜ強制による国民皆保険にできないかといえば、アメリカ人は自由を特に尊重するので、強制的に医療保険制度に加入させる案に反対する声がかなり強いからである。この国民皆保険あるいは強制加入を巡ってアメリカでは連邦最高裁判所で争われたほどで、判決は憲法違反ではないという結論が下された経緯がある。しかし票決は微妙な差によるものだったので、改めて国民の自由を尊重する国柄を感じることができた。これらのことからアメリカの今後を予想すれば、ヨーロッパや日本のような公的医療保険の創設はなく、あくまでも私的民間保険制度の下で国民の全員がそれに加入できるような制度にするのではないか、ということになる。

ごく最近になってアメリカでも公的医療保険制度をつくるべきだ、と主張する政治家が現れた。アメリカにおける深刻な格差を是正すべしとして、民主党の大統領候補としてヒラリー・クリントンと争ったバーニー・サンダースである。彼はアメリカ人の多くが好まない民主社会主義者と、自称しているので、大統領にはなれないであろう。しかし、ヨーロッパでは民主社会主義はごく普通の政党である。例えば、イギリスの労働党、ドイツの社民党、フランスの社会党は民主社会主義の政党に近い。

医療における老老格差

医療における老老格差となれば、あらゆる高齢者が平等に治療を受けられるか、ということが主要な課題となる。具体的には、皆が等しく病院に行って診療を受けられるかということから始まって、治療や投薬を受ける際に質の高い（すなわち高価な医療費や薬剤費を必要とするかもしれない）治療を患者の全員が受けられるかということ、あるいは地域によって病院の質や量にバラツキがあるかもしれない、と言ったことが関心の的となる。

まず高齢者の全員が平等に治療にありつけるかどうかを吟味しておこう。健康保険制度に加入しておれば、受診料の一割から三割の負担ですむので、病気と感じた人が病院行きをためらう確率は低くなる。もし健康保険に加入していなかったら一〇割負担なので、病院へ行くことをためらう気持ちは当然強くなる。現に鈴木（二〇〇八）では保険料を払っておらずただ資格があると述べているにすぎない資格証明書交付の世帯の受診率は、一般保険者の三二分の一から一一三分の一という極端に低いものとなっており、まず病院に行かないと判断してよい。

そこで保険料を滞納している人の推移を見ておこう。日本では医療保険制度はほぼ全員が名目上は加入していることになっており、むしろ問題は保険料を支払っていないことから発生するところの、権限行使のできない人（すなわち医療費を全額負担をせざるをえない人）の存在にある。

その前に高齢者はどのような公的医療保険に加入しているのであろうか。それを知っておこう。表II―2は健康保険制度ごとに年齢別の加入比率を示したものである。国保（国民健康保険制度）は主として自営業者と無業者が加入する制度であり、協会けんぽ（主として中小企業）、組合健保（主として上場企業を中心とした大企業）、公務員共済の三制度は雇用主がいて保険料負担が加入者と雇用主との折半である。国民健保は雇用主がいないので、保険料負担は全額が加入者であるが、この制度には税収を基にした補助金が相当投入されているので、国保にはない雇用主負担分をある程度税収が代替しているとの解釈が可能である。

国保に注目すると、一〇年以上前においては一五～五九歳という働く世代と六〇歳以上の比率がそれぞれ四五%前後で拮抗していたが、六〇歳以上に関しては「その他」の制度よりも国保の比率の方がはるかに高い比率なので、高齢者の加入するのは大半の人が国保であると結論づけてよい。ただし二〇〇九（平成二一）年では六〇～六九歳では二〇〇二年とほぼ変化はなかったが、七〇歳以上では「その他」が一六・四%もいて国保の一三・七%より高くなっている。これはこ

表Ⅱ－2　健康保険制度における年齢階級別人口構成割合（%）

		0～14歳	15～59歳	60～69歳	70歳以上	計
2002（平成14）年	国保被保険者	9.0	44.6	21.2	25.3	100.0
	その他	17.8	72.0	5.9	4.0	100.0
	総人口	14.2	60.9	12.1	12.8	100.0
2009（平成21）年	国保被保険者	9.5	48.2	28.5	13.7	100.0
	その他	15.4	61.3	6.9	16.4	100.0
	総人口	13.3	56.5	14.0	16.2	100.0

「国保被保険者」とは市町村国保と国保組合の計である。
「その他」とは協会けんぽ、組合健保、共済組合、船員保険の計である。
なお2009年の「その他」には後期高齢者が含まれる。
出所：厚生労働省「国民健保実態調査報告書」など

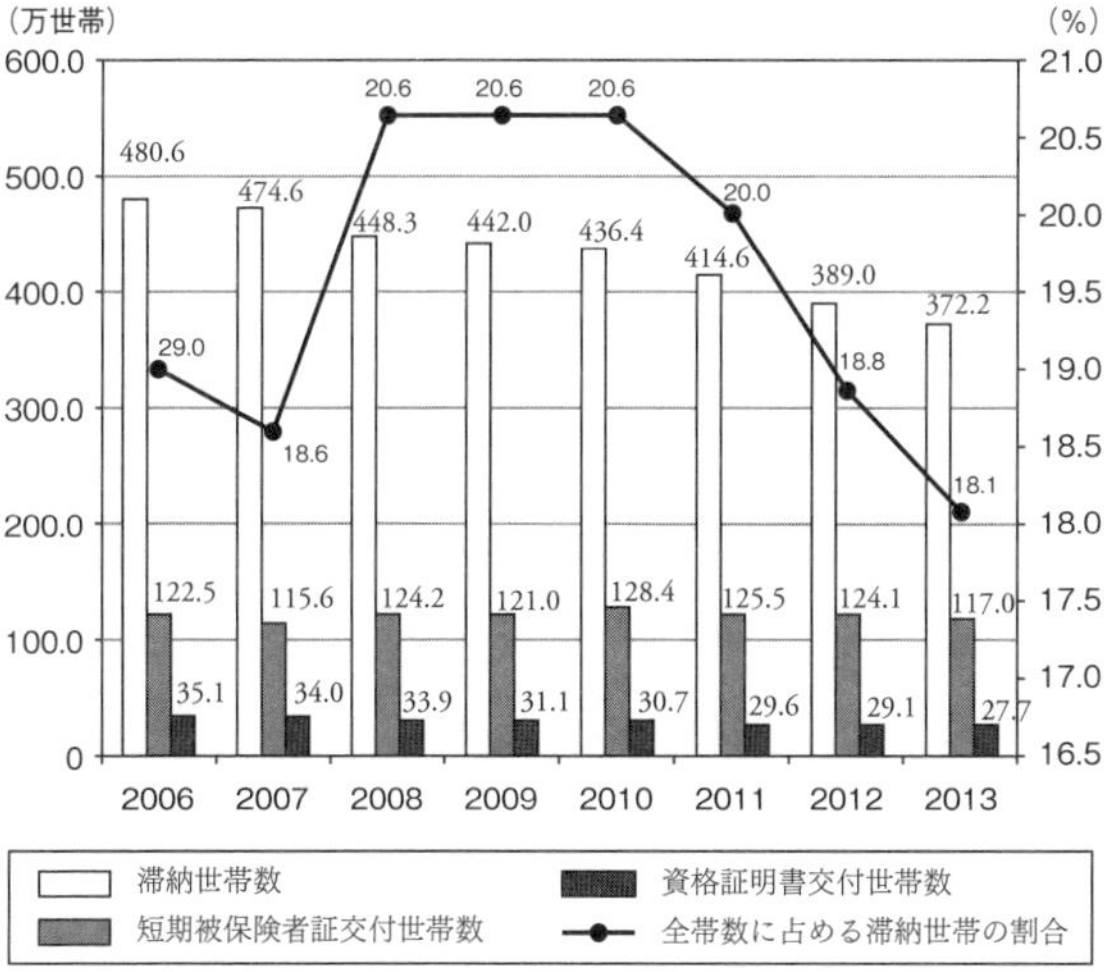

出所：保険局国民健康保険課調べ
（注1）　各年6月1日現在の状況。
（注2）　平成25年は速報値である。

図Ⅱ－4　保険料（税）の滞納世帯数等の推移

の間に制度の改革があって、七五歳以上には新しく「後期高齢者医療制度」が創設されて、この制度が「その他」に入っているためである。

次に保険料を払っていない人が、どれほど日本でいるかを確認しておこう。制度の乱立しているのが日本の健康保険制度であるが、高齢者が主として加入しているのは国保なので、ここでは国保でどれほどの保険料の滞納者がいるかを示しておこう。図Ⅱ―4は、ここ一〇年弱の間における滞納の推移を示したものである。二〇一〇(平成二二)年前後では実に二〇%前後の滞納者がいたが、ここ最近の四~五年はそれが少し減少して一八%程度にまで低下している。でも一〇〇名のうち一八~二〇名が保険料を払っていないのが国保であり、無視できないほどの人数である。とても「皆保険の国」とは言えないほどの無保険者の多さである。先に見たようにこれらの人は医者のところに行くことをためらうことがありうる。

この表にある短期被保険者証交付世帯とは、一年未満の保険料の滞納が続くと、加入者には「短期被保険者証」が配布され、有効期間が三~六か月と短くなり、更新手続きが必要となる。「資格証明書交付」とは滞納が一年以上になると交付され、ただ資格のあることを意味するだけで、こういう人は全額の医療費を窓口で払わねばならない。これら二つに該当する人々は通常の保険制度の枠外にいて、自己負担額の増加を強いられる人々となる。

次は、世帯の所得がどのような効果をもっているかを知るために、年齢別と所得階級別に国保の滞納率を見てみよう。表Ⅱ―3はそれを示したものである。この表は収納率を示したものなの

表Ⅱ-3　国民健康保険料（税）の収納率（2011 年度分　市町村国保）

〈世帯の所得階級別、生体主の年齢階級別〉　（%）

所得階級	年齢階級						
	合計	25 歳未満	25 ～ 34 歳	35 ～ 44 歳	45 ～ 54 歳	55 ～ 64 歳	65 ～ 74 歳
合　　計	90.3	59.1	72.7	79.9	82.3	90.1	96.9
所得なし	84.6	61.5	64.7	72.4	77.2	88.3	94.5
～ 30 万円未満	85.7	46.7	71.5	77.2	78.1	85.4	93.9
30 万円以上～ 50 万円 〃	87.5	61.6	68.4	77.9	81.1	90.0	93.5
50 万円 〃 ～ 100 万円 〃	89.8	62.2	66.0	75.0	79.4	89.7	95.8
100 万円 〃 ～ 200 万円 〃	90.7	57.4	72.6	74.0	78.3	88.3	97.2
200 万円 〃 ～ 300 万円 〃	90.6	78.6	77.5	81.5	78.8	89.6	97.2
300 万円 〃 ～ 500 万円 〃	93.3	89.5	89.0	85.0	86.9	93.5	97.8
500 万円 〃	97.1	―	92.9	95.6	94.9	97.2	98.7
所得不詳	70.2	44.8	50.7	63.3	65.6	71.1	89.8

（注）1. 本表は平成 24 年 9 月末現在の国保世帯における平成 23 年度保険料収納を集計したものである。
2. 世帯主の年齢は平成 24 年 9 月 30 日現在、世帯の所得は平成 23 年のもの。
3. 本表は擬制世帯を除いて集計している
4. 本表は被調査世帯のうち、前年度 1 年間継続して当該保険者の世帯であった世帯について集計しているため、国民健康保険事業年報における収納率の算出方法とは異なっている。

出所：厚生労働省『国民健康保険実態調査』

で、1から収納率を引いたものが滞納率となる。ここで明らかなことは、所得階級が上がると滞納率は低下し、年齢を重ねると滞納率の低下がある。これを逆の目線で見ると、滞納率の高い人は所得の低い人（所得が年額で三〇万円未満の人は一五％前後に達している）と、若年層（年齢二五歳未満では四〇％前後に達している）ということになる。

若年層に滞納率の高い理由は二つあって、第一に、若年層には失業者や非正規雇用労働者がかなりいるので、所得がないかそれとも低いので、保険料を払える経済的な余裕がないからである。第二に、若い人は病気になる確率がかなり低いので、健康保険制度への関心が低く、意図的に保険料を払わない人がいる。第二の点は、九〇%をかなり上回っている六五歳から七四歳までの高齢者の高い収納率と対極にあることでわかる。高齢者は病気になる確率が高いと自覚しているので、保険料を払って病気に備えているのである。

二五歳未満の若年層のみならず、二五歳から三四歳と三五歳から四四歳までの若年・中年層も低所得者を中心にして、二〇%から三〇%の滞納者がいることが気になる点である。確かに若年・中年層は病気になる確率は高くないが、もし病気になったときに保険料が未納であれば、病院に行くことをためらう可能性がある。多分これらの年齢層の人の病気はそれほど重くないことが多いが、万が一、重い病気であるところに受診を避けて早期発見の遅れることがあれば、重大なこと（すなわち死亡）が発生するかもしれない。

「日本は世界に誇れる皆保険の国である」と国民はそう信じてきたし、政府もそれを宣伝してきた。アメリカほどの無保険者の数の多さ（国民のほぼ一五%程度とされる）ではないが、かなりの数の無保険者のいる国になっており、こうした無保険者の増加は日本の健康格差を象徴する一つの顔になりつつある。

高齢者に関しては重要な補足がある。それは確かに病気にかかる確率が高いので、保険に加入して準備をしっかりしておこうという意識が高齢者に強いことがわかるが、所得階級による差が無視できないということである。五五～六四歳でおよそ九%ポイント、六五～七五歳でおよそ四%ポイントの差がある。すなわち低所得の高齢者には滞納している人が少なからず存在しているのである。これらの人は診療の機会から排除されているかもしれない。

もう一つの補足事項は、高齢者のかかる病気は重大な、例えばガンや脳あるいは心臓疾患であることが少なくなく、治療費や投薬費が高額になることがある。健康保険制度でカバーされない難病や高額治療の必要なとき、治療費の払えない高齢者も出てくる。これに備えるには民間の保険会社の提供する民間医療保険（例えばガン保険など）に加入しておれば治療費の負担ができるが、そういう保険に加入していない人は治療費を準備できないこととなる。民間医療保険は保険料が高いだけに所得階級によって加入率に違いがある。

　ここで参考までに、ガンがいかに高齢者に多いかということと、ガンの治療には費用がかさむということを知っておこう。図Ⅱ―5はガンの年齢別発症率を男女別に示したものである。若年の頃にはほとんど発症がないが、四〇歳あたりから発症が見られ、六〇歳を過ぎるころから急激な上昇傾向を示している。女性よりも男性の発症率の高いことがガンの特

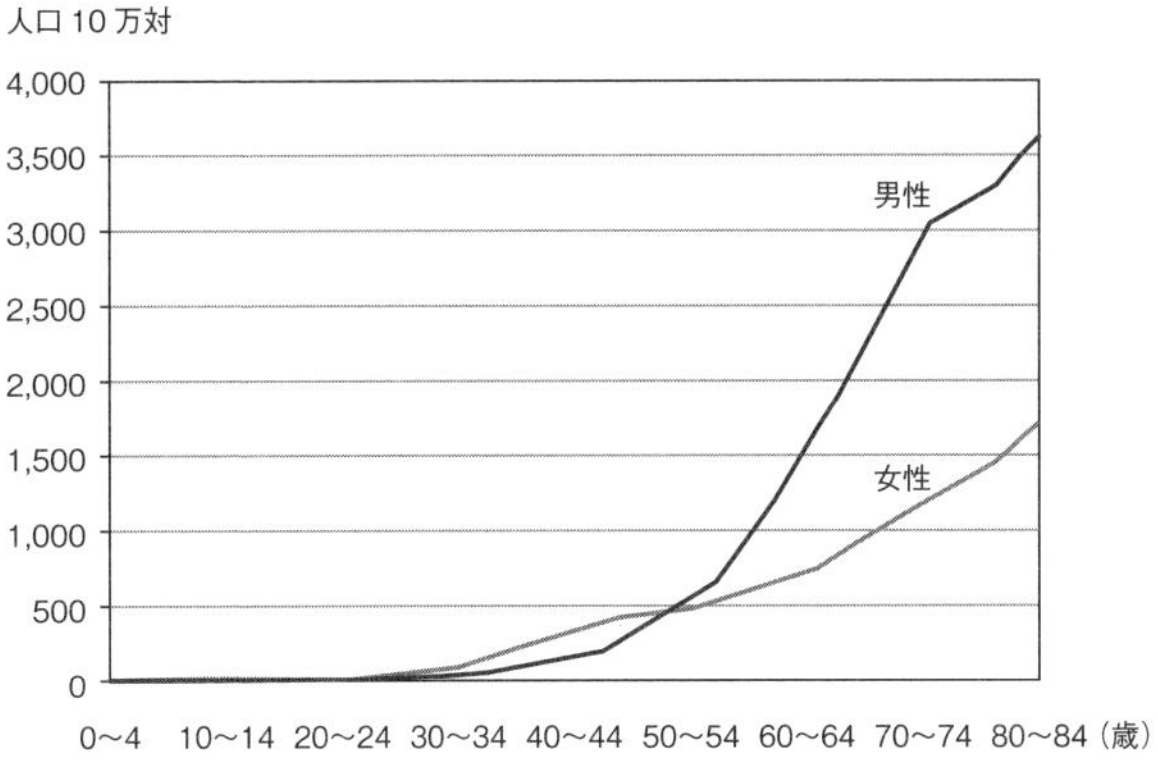

出所：がん対策情報センターのHP

図Ⅱ－5　がんの年齢階級別の発症率

色である。なお年齢別のガン死亡率の統計を出していないが、日本人の死亡理由としてもっとも多いのはガンであることはよく知られている。高齢者にガン発症率が高ければ当然のことながら高齢者にガン死亡率の高いことは容易に予想がつく。

次の関心はガン治療にどれほどの費用がかかるかである。医療の本ではないので詳しくは述べないが、検査や手術、あるいは術後の処置に入院の必要性の高いことはよく知られている。代表的なガンに関してだけだが、医療費は窓口での支払額が保険による三割負担で胃ガンが約三〇万円、大腸ガンが約二五万円、肺ガンが約二八万円、悪性リンパ腫が約五〇万円、白血病が約一〇〇万円と、厚生労働省の『医療給付実態調査』で報告されている。これだけの多額の費用がかかるのであれば、がん保険制度に加入しておれば医療費の負担の緩和に役立つ。日本でのガン保険(生命保険における特約を含めて)の加入率は三〇%前後である、ということを付記しておこう。

以上のことをまとめると、高齢者には医療に関して所得階級別に保険加入と保険給付に関して格差があり、それを医療における老老格差と称してよい。

地域間格差

高齢者の医療に関する次の関心は、地域において治療の質と量に差があるか、ということである。これは地域ごとに医療費に差があるかを知ることによって、治療の質と量の差をある程度類推できる。もとより高い医療費が支出されておれば、質量とともに高い治療が施されているだろうと予想できるし、逆に支出が少なければ質や量が低い治療しか施されていない可能性がある。ここで述べたことには留保が必要である。医療経済学や保険論で有名な言葉として「モラルハザード」がある。これは「倫理の欠如」という意味であり、ここでは医師や病院が利益のために過剰診療、過剰投薬などをすることを意味している。これらが医療の現場で実在していれば、ムダな治療や投薬をしている可能性があるので、高い医療費はムダな医療費を含んでいるかもしれないのである。つまり低い医療費であっても治療が効率的になされていれば、低い医療費はむしろ評価されるべきということもある。

なお「モラルハザード」は患者側にも存在する。健康保険制度によって治療費が確保されていれば、軽い病気でもすぐ病院に行く。これが患者側の「モラルハザード」である。病院が「高齢者のサロン」になっていると一時言われたことがあったが、これはその例となる。

したがって、ここで医療費の高い都道府県と低い都道府県を示すが、それらが好ましいことか好ましくないことか、に関しては断定を控える。ただ一つだけ言えることは、医療費の高低は患者の経済負担に差があることとなるので、どの都道府県で治療を受けることが医療費の節約につながることになるのか、という情報として有用である。

表II—4は、七五歳以上の後期高齢者に関して、一人あたり医療費、入院診療費、入院受診率（被保険者一〇〇人あたりの年間レセプト件数）、外来診療費、外来受診率を、都道府県別に示したものである。四七の都道府県があるが、一人あたり医療費の上位一〇位と下位一〇位の統計を示している。

この表でわかる点は鐏《もたい》（二〇一三）で主張されていることであるが、次の通りである。第一に、一人あたり高齢者の医療費、最高は福岡県の一〇八・九万円、最低は新潟県の七一・〇万円であり、実におよそ三〇万円の差がある。ちなみに全国平均は八五・七万円である。

第二に、この表から都道府県別の特色を述べると、医療費が高いのは北海道を例外として西日本に多く、逆に低いのは関東、東北という東日本の都道府県に多いことがわかる。これは医療の分野では「医療費の西高東低」の現象としてよく知られている。

第三に、一人あたり医療費の高低を決めるのは、外来診療費や外来受診率の差ではなく、入院診療費や入院受診率の高低が原因となっている。すなわち入院治療費の高い県と低い県ではおよそ二〜三〇万円の差があるし、入院受診率でも四〇〜五〇％の差がある。西日本では高齢者は東日本よりも入院を比較的簡単に行うし、その費用も高くなるのである。

第四に、西日本では病床数、医師数、介護保険施設定員などが多いので、医療の供給体制において、西日本の府県の方が東日本よりも進んでいることが要因となっている。都道府県別の年間一人あたりの県民所得の差は、受診率や診療費などの差に影響はなかった。

第五に、これは筆者の説であるが、入院受診率は三世代同居率の影響を受けていると想像できる。すなわち、老親と成人した子どもが三世代住宅に同居しておれば、自宅で親の看護や介護をする確率が高くなるが、老親と成人した子どもが別居しておれば、看護や介護がしにくくなるの

表Ⅱ-4　2008年度　後期高齢者医療費関連データ

順位	県　名	1人当たり老人医療費（円）	医療費区分	入院診療費（円）	入院受診率	外来診療費（円）	外来受診率
1	福岡	1,089,424	高	609,543	123.9	431,936	1,707
2	北海道	1,038,446	高	592,208	116.4	411,063	1,584
3	高知	1,028,578	高	624,047	127.7	374,328	1,508
4	大阪	1,010,650	高	476,103	91.8	455,793	1,742
5	長崎	998,670	高	553,432	122.5	410,509	1,749
6	広島	996,602	高	484,938	101.1	467,552	1,748
7	沖縄	964,035	高	606,826	121.5	335,753	1,476
8	鹿児島	963,436	高	561,628	124.6	376,122	1,553
9	佐賀	951,965	高	511,203	115.5	405,613	1,647
10	大分	943,916	高	530,764	119.8	384,961	1,567
…							
38	青森	773,118	低	371,208	80.6	379,019	1,635
39	茨城	762,129	低	360,134	75.5	374,235	1,466
40	千葉	753,881	低	350,645	72.1	365,428	1,522
41	栃木	752,459	低	351,532	75.1	371,906	1,553
42	三重	748,360	低	351,385	73.1	369,029	1,602
43	山形	745,547	低	366,525	78.7	352,110	1,606
44	静岡	733,944	低	325,896	65.9	376,313	1,587
45	長野	721,989	低	344,374	69.2	347,774	1,493
46	岩手	720,393	低	352,360	79.7	343,574	1,573
47	新潟	710,146	低	336,643	70.2	342,519	1,551
	平均値	865,146		430,927	88.6	394,616	1,623
	標準偏差（±）	95,497		81,238	18.0	29,031	83.6
	最大値	1,089,424		624,047	127.7	467,552	1,749
	最小値	710,146		325,896	65.9	335,650	1,462

出所：厚生労働省「平成20年度後期高齢者医療事業状況報告」のデータをもとに原著者が作成したもの。鱒(2013)

で、老親が病気になれば入院を、要介護になれば介護施設に入る確率が高くなる。

表II―5は都道府県別に三世代世帯のランキングを、上位一五位と下位一五位で示したものである。まず同居率の高い府県は、東日本と裏日本の県に多いことがわかる。例外は北海道であり、東日本にありながら同居率はかなり低い。これらのことは東日本に入院受診率の高いことの説明になるし、例外が北海道になることも筋が通る。

第二に、一方で同居率の低いのは東京、大阪、神奈川などの大都会と西日本の県に集中していることがわかる。先ほど入院受診率の高い府県は西日本府県に多いことを示したが、ここでの同居率の低いことは、橘木の説を支持すると言えるのではないだろうか。

第三で述べたことをまとめれば、入院受診率の高低は三世代住宅の比率と逆比例の関係になることが、都道府県別のデータから言えそうである。すなわち、老親と成人した子どもが別居しておれば入院する確率は高くなる、ということが言えそうである。

健康寿命と地域間格差

これまでは人が何歳まで生きるかという平均余命（あるいは寿命）を中心に健康格差を論じてきたが、最近になって新しい概念によって健康格差を論じることもある。それは健康寿命という概念である。健康寿命とは人々が健康上の問題によって日常生活が制限されることなく生活のできる期間のことである。すなわち不自由なくかつ他人の支援なしに自分の日常生活ができる年齢までを健康寿命とみなすのである。日本人ではこの健康寿命が男性で七二・三歳、女性で七七・七歳とされており、平均寿命よりも九歳以上短くなっている。健康寿命を越えて何らかの不自由さが生活上で発生すると、外部からの人的資源の投入や資金（例えば医療や介護の費用）の投入も必要となるので、それを避けるためには健康寿命をなるべく延ばすというのが有効な目標となる。

これまで健康寿命に関する分析はさほどなかったが、田辺・鈴木（二〇一五）は詳細なデータを用いて分析を行い、健康寿命と平均寿命に差があるのかどうか、さらに男女によって差があるのか、そしてどういう変数なり現象がこれら二つの決定に貢献するのかを、都道府県別データによって解析を行ったのである。考慮された説明変数は六〇種類にも達しているので、包括的な研究といってよいものである。

得られた成果を大まかに要約すると次のようになる。第一に、四つの被説明変数（すなわち、男の平均寿命、女の平均寿命、男の健康寿命、女の健康寿命）を決める要因として、次に説明する四つの変数なり現

表Ⅱ-5　都道府県別三世代世帯ランキング、2010年（人口100人あたり家族数）

順位			順位		
1	山形	38.02	33	千葉	12.04
2	福井	31.91	34	山口	12.00
3	新潟	30.60	35	愛媛	11.98
4	秋田	30.29	36	高知	11.75
5	富山	29.45	37	宮崎	11.61
6	福島	29.12	38	埼玉	11.45
7	岩手	28.89	39	兵庫	11.39
8	鳥取	27.87	40	広島	11.27
9	島根	27.33	41	京都	10.65
10	岐阜	25.55	42	沖縄	10.55
11	青森	25.14	43	北海道	8.22
12	長野	23.26	44	神奈川	7.56
13	宮城	22.98	45	大阪	7.40
14	栃木	22.90	46	鹿児島	6.34
15	静岡	22.67	47	東京	5.21

出所：2010年度『国勢調査』

象以外に、共通に説明能力を高める変数の数は少ないということがわかった。すなわち、これら四つの寿命はそれぞればらばらの変数なり現象による影響を受けやすいのである。

第二に、とはいえ少ないながらも共通に影響を与える変数なり現象は、①生活習慣病、②健康保険・スポーツ・保健師などの治療員対策や健康予防に関すること、③生活保護、④ストレス、などが興味を引く。すなわち、これら四つの変数なり現象は、健康寿命の決定に与える効果が強いのである。

①生活習慣病とは食事・飲酒・喫煙・運動などの効果が糖尿病・高血圧・コレステロールなどを引き起こすのであり、この生活習慣病の効果は非常に大きいのである。これら習慣病と無縁の人は、健康寿命と平均寿命を長くしている。

②の健康支援や健康予防策の効果も直感的にわかることである。

③生活保護制度の効果には経済学の視点から興味深いものがある。生活保護世帯の多い県では病人が多く、かつ短命の人が多く、逆に少ない県では病人が少なく、かつ長命の人が多い。生活保護の受給率と疾患率・寿命の長さには因果関係として双方向が作用するので、一概には言えないが生活保護制度が手厚いといい影響がない、とも主張できるかもしれない。

④のストレスは現代のように、人間社会や家族社会が複雑で種々の精神的な苦悩を感じる機会が多ければ、人々の健康や寿命に与える効果の大きいことは容易に理解できる。

この章では、各国別、そして一国の間においても、人々の様に医療格差、あるいは健康格差の存在することを明らかにした。それは経済的な豊かさによって説明されうる。日本であれば高齢者の間でそれの存在の目立つことが示された。それは一部に健康保険制度に加入してしないか、加入していても保険料の払えない人がいて、治療の受けられない人の存在で示された。日本は「皆保険の国」として政府は誇っているが、実態はそうでもないのである。老老格差のうちにはこうした格差も含まれる。

第2章　介護にまつわる格差

介護問題とは

人間は年齢を重ねると体力、知力、気力の低下は避けられず、その低下に応じて生じる様々な問題に対処することが必要となる。その代表が介護の問題である。例えば寝たきりになったときの介護がその顕著な例である。たとえ寝たきりにならなくとも一人で食事がつくれない、あるいは食べることができない、そのほか身のまわりのことができない、病院や介護施設に行くときの介添えなど、老人の介護に必要な事柄は無数にある。

そのときに課題となることは次のような種類に分けられる。第一に、誰が介護の役割を果たすするのか、第二に、介護人と被介護者が同居するのか、それとも別居するのか。第三に、別居の場合には被介護者を高齢者施設に入れるのかどうか。第四に、介護や看護に要する費用、あるいは被介護者に必要な生活費の負担を誰がどれだけするのか、といった課題がある。

これらの課題は後に論じることとして、その前に念頭においておきたいことがある。それはいつの時代でも高齢者の介護問題は存在していたが、ここ最近の二〇年ほどの間にその深刻度がはるかに強くなったことをである。なぜ深刻になったのか。二つの事情が背景にある。第一は、ここ四〜五〇年間にわたって、日本人の寿命がかなり延びたことである。戦前では人生五〇年と言われていた時代があったほどであったが、その後医療技術と薬品の質の飛躍的な進歩、そして人々が健康に留意する程度が強くなったことにより、寿命は大いに延びたのである。今や男性は人生八〇年、女性は九〇年と言われる時代となっている。寿命は延びても体力、知力、気力はそれに比例して強くなることはなく、むしろ年をとればとるほどそれら三つの能力は低下するし、病気や要介護になる可能性は高まる。前章で述べたように、健康寿命と平均寿命の乖離が介護の必要性を生んでいるのである。

第二は、寿命の延びに伴い、高齢の単身者の激増が見られた。図II―6によって、一人暮らしの高齢者の数がここ四〇年間にわたって急増したことを確認しておこう。一九八〇（昭和五五）年の八八・一万人から二〇〇〇（平成一二）年の三〇〇・二万人に増加し、二〇二〇（平成三二）年には五三六・五万人に増加すると予測されている。これだけ単身で住む高齢者が増加すれば、介護の問題がより深刻にならざるを得ない。なぜなら、高齢者夫婦が二人で住んでいたり、成人した子どもとの同居していれば、誰かが介護にあたることができるので、介護の問題がなくなるとまでは言わないが、深刻度は小さくなる。

この図で知っておきたいことがもう一つある。それは高齢単身者を性別で見れば、女性の数が男性よりもかなり多いという事実である。二〇〇〇（平成一二）年であれば高齢女性単身者は男性のそれのほぼ三倍であった。それが二〇二〇（平成三〇）年ではおよそ二倍と予想されている。

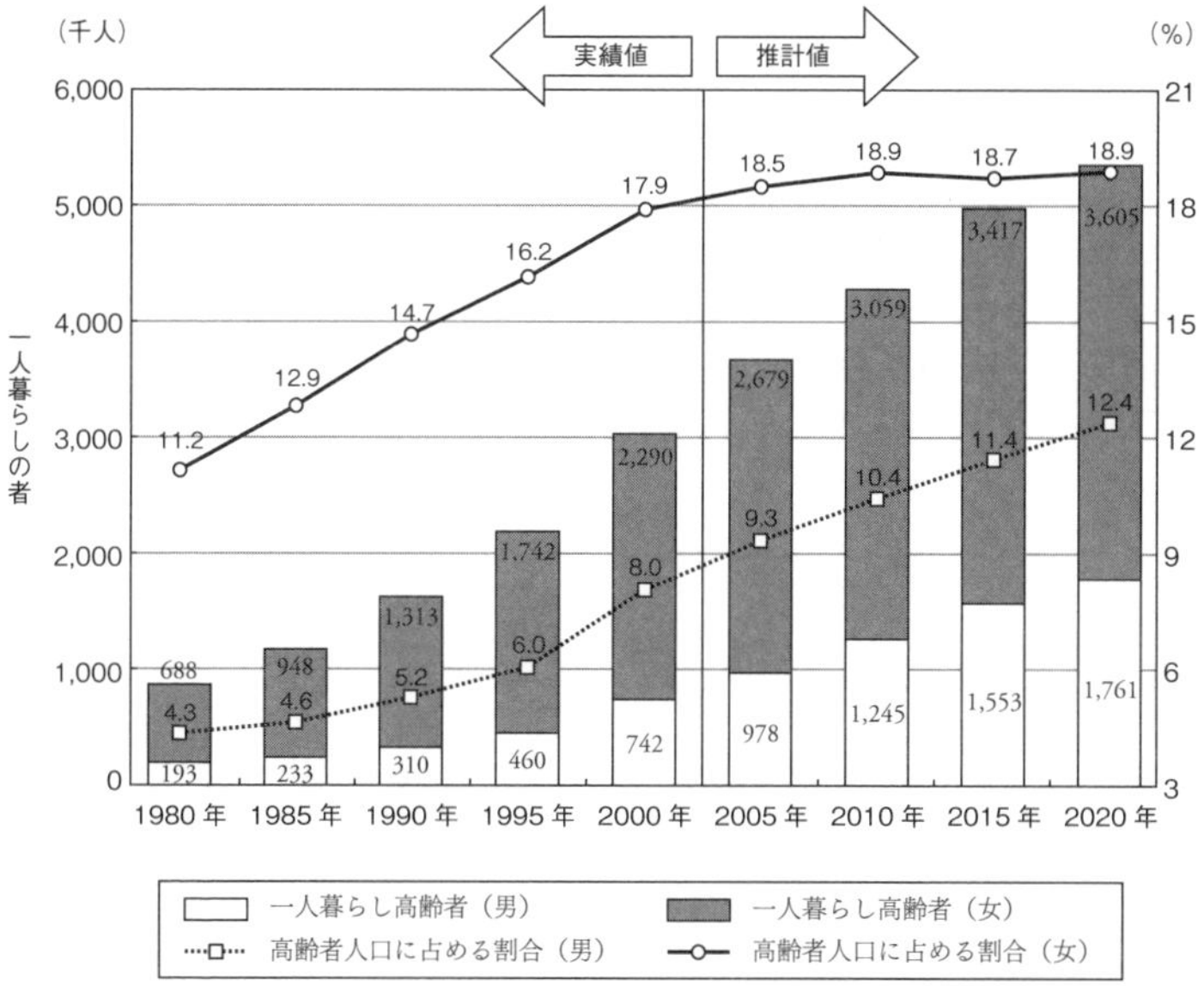

出所：厚生労働省老健局『2015年の高齢者介護』

図Ⅱ-6　一人暮らし高齢者数の推移

図II―6において記憶にとどめておきたいことが一つある。それは高齢単身で住む人の数は一九八〇（昭和五五）年から二〇二〇（平成三二）年までコンスタントに増加しているが、高齢者総人口に占める単身高齢者の比率は、二〇〇〇（平成一二）年あたりまでは急増していたが、それを境にして増加を示さなくなり、今後もほぼコンスタントに推移しそうである。このことは、一人暮らしの老人の数は絶対数で増加しても、それが占める比率が変化しないということは、高齢者が誰と住むのかという家族のあり方が今までは変化してきたが、最近になって定着し始めた、ということである。一人暮らしの老人の数の増加は、単に高齢人口の増加の反映にすぎないのである。

どこで誰の介護を受けるのか

次の関心は介護を受ける人が、どこで誰の介護を受けるのかという問題である。まずは要介護者が介護する人と同居しているのか、それとも別居しているのかを見てみよう。図II―7の左半分はそれを示したものである。六四・一％が親族など誰かとの同居であり、二三・一％が別居の家族か事業者である。過半数が同居による介護なので、まだ日本の家族の結びつきは相当残っていると理解してよい。

では同居しながらの介護であれば、誰が介護をしているかは図II―7の右半部でわかる。もっとも多いのは三二・三％という息子の妻であり、およそ三分の一が息子の妻による介護というこ

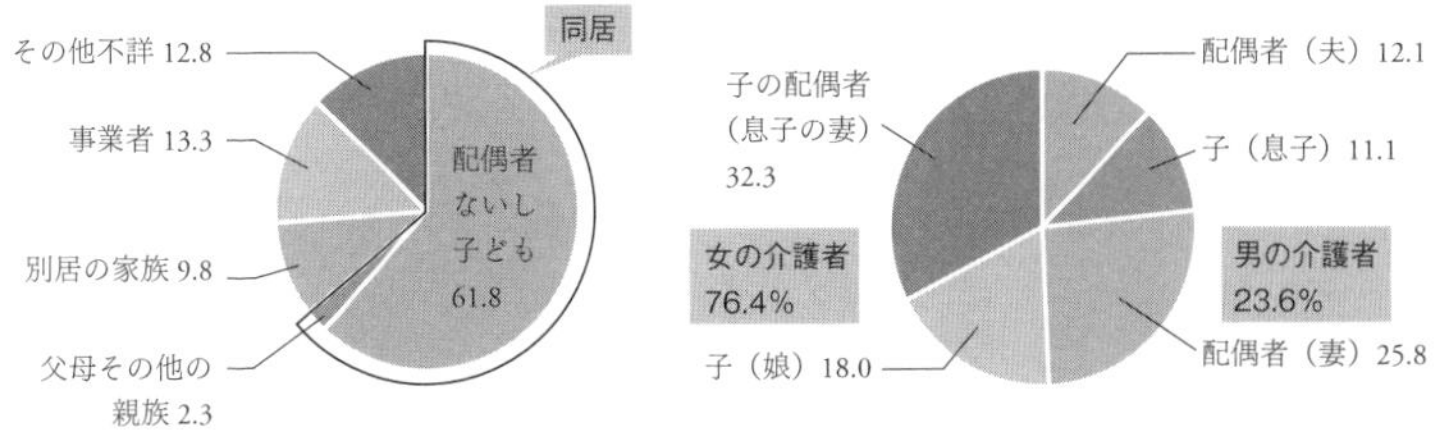

出所：厚生労働省『国民生活基礎調査』（2014 年）　　出所：厚生労働省老健局『2015 年の高齢者介護』

図Ⅱ－７　要介護者からみた別居と同居の差、そして同居の場合は誰が介護者か

とになる。これは家父長制という日本特有の家制度がまだ根強く残っていて、息子（主として長男）の妻が長男の親の介護にあたっていることを暗示している。

次いで多いのが妻の二五・八％であるが、これは老親二人だけのケースと、子どもと同居しているケースの二つを含んでいる。老親二人だけで住むことに注目すれば候補は夫の一二・一％がそれに続くが、この数字には実は子どもとの同居のケースも含まれているので注意を要する。

興味があるのは子どもと同居した場合、娘と息子ではどちらが介護にあたるか、だ。これは、娘が一八・〇％であり、息子の一一・一％よりも高い比率である。これは子どもが息子一人だけしかいなかったり娘一人だけしかいないときと、兄弟姉妹がいる場合の双方を含んでいることに留意したい。しかし、どちらかと言えば介護は息子よりも娘に頼っていることがここでも感じとれる。

それを端的に示したのが、介護者が女性かそれとも男性かという区別に注目すれば、七六・四％が妻や娘であり、夫や息子というのは二三・六％にすぎず、およそ三対一で女性の比率が高い。

日本で介護に携わるのは圧倒的に女性であるということになる。でも男性もおよそ四分の一が携わっているので、昔と比較すれば男性で介護する人が増加していると解釈できる。

同居していない親族に介護で頼る方法は、近所に住んでいて頻繁に被介護者のところに行くか、遠距離であれば月に何度か訪れるのであり、主とした毎日の介護はヘルパーなどの訪問介護、あるいは通所看護に依存する方法がある。これらは別居の家族・親族による介護であり、およそ一〇%がこの方法に頼っているのである。

最後に登場する方法は、同居や別居による家族・親族による介護ではなく、事業者がサービスを提供する介護施設に住む方法である。例えば、特別養護老人サービス(通称:特養)や民間の老人介護施設に入所して、有償による介護サービスを受けるのである。入所時にいくばくかの権利取得金を支払うとともに、毎月の介護費用を自己負担する。これら自己負担の一部は介護保険制度からの給付で補填できることはいうまでもない。この方法はいわばプロの介護サービスを特定の場所で受けるものであり、一三・三%の人がこの方法に依存している。従来の日本での介護は家族が主たる介護者であったところに、それに頼らない施設に入所しての介護の方法が日本でも増加中であることを一三・三%の数字が示している。

今後を予想すれば、この比率は高くなるものといえる。その理由は、家族による介護は介護者、被介護者の身体的・精神的な負担が大きいので、それを避けたいという希望はますます増加するものと予想できるからだ。そのときに鍵を握るのは経済的な負担である。資金を豊富に保持している人とそうでない人の間で、介護を受けるサービスの質がかなり異なるのである。これは新しいかたちの老老格差といえるので後に再び言及する。

認知症の増加が要介護者を増やしている

誰が要介護になるかということに関しては、最近の現象として認知症の患者の増加がある。一昔前では「ボケ老人」あるいは少しマイルドに「痴呆症」という差別用語が用いられていたが、最近では認知症という呼称が一般的である。なんらかの脳の変化や劣化により知能が障害を起こして、正常な人間としての判断、行動のできなくなった人であり、高齢者に多いことは理解のできる現象である。もとよりその症状の軽度の人から重度の人までいて様々であるが、自己でまともな判断ができなくなったときは、まわりからの介護が必要である。

どの程度の割合で高齢者に認知症の人がいるのであろうか。図II―8は、日本における高齢認知症の人がどれほどいて、それが高齢者（すなわち六五歳以上）の

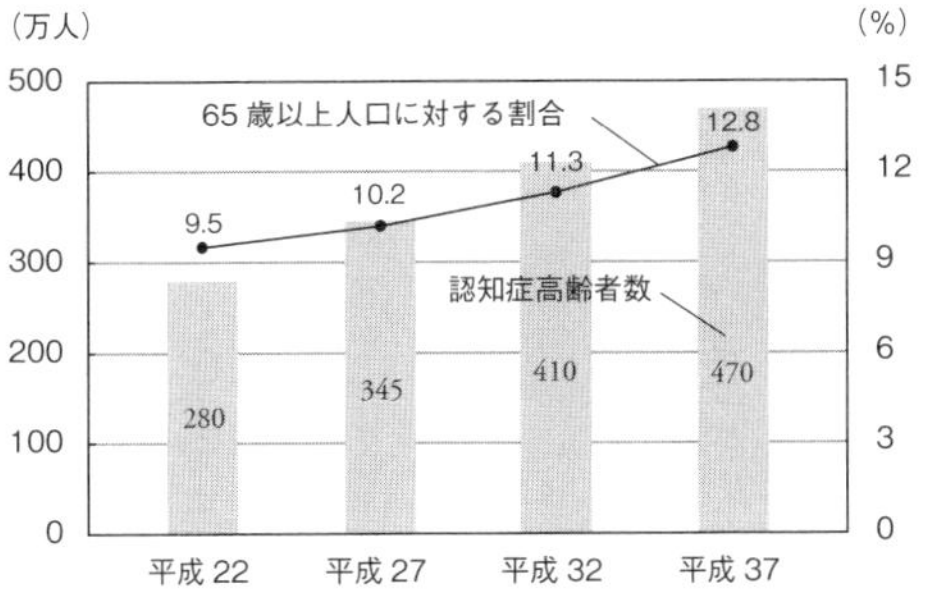

出所：厚生労働省「認知症高齢者数について（平成24年8月）」より
（ここでの認知症高齢者には、「認知症ではあるが、ほぼ自立している方」は含まない）

図II－8　増加する認知症高齢者数とその割合

中で何％いるかを、将来予想を含めて示したものである。これによると、現在でおよそ三四五万人いて、高齢者に占める比率はおよそ一〇・二％である。六五歳以下の人でも認知症になる人がいるので、日本人全体としてはもう少し数が増加する。それを一〇年先まで予測すると、四七〇万人にまで増加してその比率も一二・八％まで達する予想である。この増加の傾向は、日本人の平均寿命がコンスタントに延びてきたことの効果によって、ほとんどが説明できる。現時点では認知症を確実に治療できる医療技術なり薬品は開発されていないこともあって、長生きする人が増加すれば認知症の人が増加する、という単純な話なのである。

認知症患者の増加は、介護問題を筆頭にして、所在不明の行方不明者、一人歩きによる交通事故、自分が運転することによる交通事故、振込詐欺、様々な勧誘による悪徳商法、など種々の社会問題を引き起こしていることは皆の知るところである。こういう様々な問題にどう対処したらよいのかを論じることは広範囲の考察を必要とするので、それをせずここでは介護の問題を中心に扱う。なお要介護というのは認知症のみならず、身体的・肉体的に自由に動けないとか、特殊な内疾患をも含んでいることは言うまでもない。

介護サービスの現状

高齢者が要介護の状態になったとき、一昔前ではほとんどが、そして最近でもこれまで見てきたように家族が介護にあたってきた。しかし家族の介護にも限界がある。例えば家族が働くことをやめなければならないとか、介護の素人では有効な介護ができないとか、たとえ在宅の介護であっても専門家（ヘルパーなど）の支援が必要な時代となった。あるいは在宅ではなく、介護の施設に入居するケースも増加してきた。このような場合には費用のかかることは当然であり、介護に要する費用の負担をどうするかが大きな問題となった。こうした問題の解決に期待されたのが介護保険制度である。

介護保険制度はもともとはヨーロッパの福祉制度として、医療保険とは別個に要介護になった人の経済支援を目的として既に存在していた制度であるが、日本もそれに触発されて二〇〇〇（平成一二）年から施行された社会保険制度の一つである。日本は基本的にはドイツの制度を踏襲している。なおアメリカにはこの制度はない。制度の詳しいことはここでは言及せず、最低限のことだけを書いておこう。

保険に加入するのは四〇歳以上の人であり、六五歳以上の人を第一号被保険者、四〇歳以上六五歳未満の人を第二号被保険者と称している。保険料徴収額は定額である第一号者と、第二号者の間で保険料拠出額は異なるし、地域によっても異なるが、平均すると現在では月額四一六〇円程度である。給付額はどの程度の介護が必要であるかという介護の深刻度に応じて額が決められている。それを全国平均するとおよそ月額で二五万七〇〇〇円程度である。介護保険制度と称されているが、介護給付額のうち財源としては、保険料収入からのものと税金投入のものが半々となっているので、税・保険の折衷による財源調達制度と称した方がより正確である。

ここで興味のある点は、一人あたり保険料拠出額が平均で四一六〇円、一人あたり給付額が平均で二五万円となるので、はるかに給付額の方が拠出額よりも大きい。これは保険料拠出者（すなわち要介護者ではない）の数が保険受給者（すなわち要介護者）の数よりもはるかに多いという保険原理が成立しているからである。それに加えて既に強調したように税収が介護給付に保険料拠出額とほぼ同額投入されているので、総額にすると巨額の税収の投入があることによる。

給付格差に注目すると、厚生労働省の『介護保険事業状況報告年報、二〇一三年版』によると、もっとも低い県で埼玉県の約一九万円、もっとも高い県で沖縄県の約三二万円となっており、およそ一・六倍の給付額の差が都道府県別に存在する。なお東京都や大阪府という巨大都府県は全国平均の約二五万円前後に位置している。なお沖縄に次いで高額な県は、鳥取、島根、青森、秋田といった遠隔地で県民所得の高くない県に多く、逆に埼玉県に次いで少額な県は千葉、茨城、愛知といった中規模の県に多い。

これほどまでにかなり大きな介護給付額における地域間格差が生じる理由はどこにあるのだろうか。介護給与額はそれぞれの要介護水準（要介護一からはじまってもっとも重症な要介護五まで）と要支援（一と二）に応じて、必要な介護サービスの程度と質によって給付額は全国共通で定められているので、給付額の差は本来ならば地域別にそう生じないはずである。

ところが一人あたり給付額に差が生じるのは、認定率の差が地域によってかなり目立つということが、例えば安藤（二〇〇八）によって指摘されている。要介護者が親族やケアマネージャーの支援を受けながら認定申請を市町村に提出して、市町村は調査員の面接、医師などの合議の下で要介護の認定を水準の決定まで含めて行う。ここに各市町村の恣意性の入り込む余地がある。例えば比較的簡単に水準の高い重症と認識しがちな市町村があれば、逆に厳しい認定を行って水準の低い軽症と判断しがちな市町村もありうる。このことは地域によって要介護費用（あるいは介護給付額）に差の生じることを意味するので、ここで述べたように地域別に介護給付に格差の生じる余地がある。

認定率に地域差がどれほどあるのか、ここで厚労省の『介護保険事業報告』によると、認定率の高い県は長崎県の二一・一％に対して埼玉県は一三・二％の低さで、およそ一・六倍の格差がある。なぜこれほどまでに地域によって認定率に差があるのか、その理由の追求はしないが、差のあることだけは認識しておきたい。

もう一つ想定できる理由は、介護サービスに従事する人々の数や質に地域間に格差があって、良好なサービスを提供できる地域ほど水準の高い認定を受ける確率の高まることがある。そうすると必然的に認定率が高くなる。

このように地域間のサービス提供に格差のある場合に、人々は優良なサービスの受ける地域に移る可能性があるとして、経済学ではそれを「足による投票理論」と称する。介護の分野でこの「足による投票理論」が日本で成立しているかどうか不明であるが、地域によって介護サービスの差、あるいは介護給付額に差のあることは認識してよいことである。

介護における深刻な老老格差

ここまでは何がしかの介護給付を受けることのできる高齢者の間の格差を考えてきたが、ここではもっと深刻な老老格差を説明してみたい。それは要介護になっても一切の介護給付や介護そのもののサービスを受けられない高齢者の存在で象徴される。

その一つは要介護と認定されたとしても、介護給付の受けられない人の存在である。二〇〇七年の介護保険法の成立以来、日本人は全員が介護保険制度に加入し、四〇歳以降では保険料拠出が義務化されたし、保険料を拠出していた人は介護給付を受ける資格があるのが建前である。

しかし現役の時に極端な生活難などが理由となって保険料を払っていなかった人がいるのは避けられず、そういう人は給付を受けられない。こういう高齢者には最後の手段として生活保護制度における介護扶助、生活扶助に頼る道が開かれているが、生活保護制度の適用にも様々な条件があって、そう簡単に扶助を受けられるような状況にはない。

むしろここでは介護保険制度の保険料を払い、しかも要介護の認定を受けながらも給付の受けられない高齢者のことを紹介しておきたい。なぜそういう高齢者が存在するのだろうか。それは介護サービスには費用のうち、一割分を自己負担せねばならない規定があることによる。その負担のできない収入・貯蓄が非常に低い高齢者は、結局介護サービスを受けられないことになる。こうした高齢者は介護認定者の約二割にあたるとされている。この比率は無視できないほど高い比率である。一人住まいの高齢者、あるいは親族のいない高齢者、そしてたとえ親族はいてもまったくそれらの人が経済支援をしようとしない場合などが、これら超低所得の高齢者で一割を自己負担ができないケースとなる。

もう一つ介護サービスを受けられない理由として、そもそもサービスを提供できるヘルパーがまわりにいなかったり、介護事業所の存在しない田舎に住んでいることがあげられる。そうした高齢者においては、サービスを受けようにも受けられず、介護給付を受けられないのである。

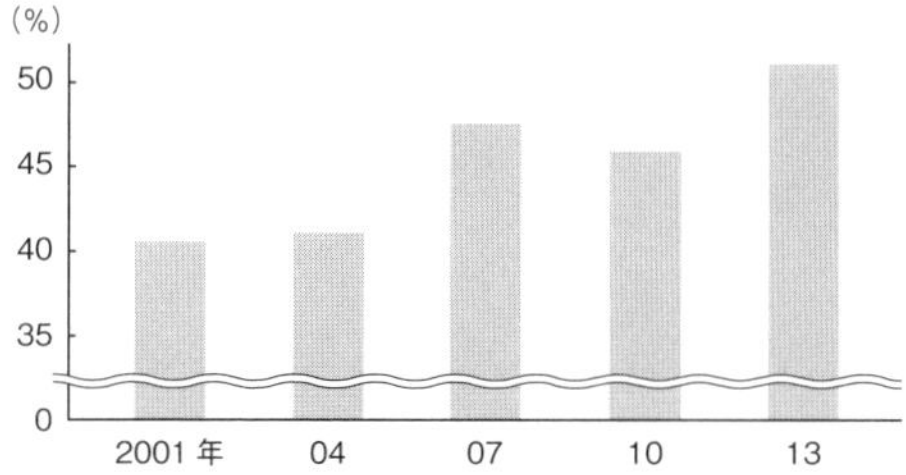

出所：厚生労働省『国民生活基礎調査』2013年

図Ⅱ-9　65歳以上同士の「老老介護」世帯の割合

これらの一人住まいの高齢者は、結局のところ誰にも看取られない孤独死にいたるケースもありうる。孤独死がどれほど深刻であるかは橘木（二〇一二）で実態を報告したので、ここではこれ以上のことは述べない。

やや話題はそれるが、「老老介護」についてここでふれておこう。老老介護は老人の介護にあたる介護者も老人ということを意味する言葉である。老人が老人を介護するのであり、これらの人の生活には苦しいものがある。例えば、七〇歳の高齢者が九五歳の寝たきりの老親を介護することを想定すれば、七〇歳の人の体力・気力も衰えていることがあるので、自分の生活と老親の介護を行うことに困難のあることは容易に想像できる。

老老介護は現実にどの程度存在するのか、図Ⅱ—9は要介護と認定された人と、介護する同居人がともに六五歳以上の高齢者の世帯がどれほどいるのか、ここ一〇年ほどの推移を示したものである。二〇〇一（平成一三）年で四〇％前後だったのが、二〇一三（平成二五）年では五一・二％とおよそ一〇％ポイントの増加である。これだけ多くの高齢者の老老介護世帯が存在するというのは、家庭内で厳しい生活と介護を強いられている高齢者の多いことを予想させうる。

どういう人が老老介護かと具体的に言えば、まず最初に頭に浮かぶのは高齢夫婦二人で住んでいる家庭で、どちらかの配偶者が要介護になったケースである。どちらかの配偶者がまだ健常の場合はまだ問題は深刻ではないが、夫と妻の双方が要介護者になったときの深刻さは容易に想像がつく。こういう場合には、外部介護者（訪問介護や通所介護）に頼るとか、施設に入所するといった対策は考えうるが、ここまで述べてきたように一部の高齢者には資金が不足して、それに頼れないことがありうるのである。

最近の現象として顕著なケースは、老親一人と子ども一人との同居のケースで、子どもが六五歳以上のことがある。なぜ子どもが一人かといえば、結婚して独立した子ども夫婦がその後離婚して単身となり、親の元に戻ってきたケースが考えられる。もう一つは子どもが一度も結婚せず（すなわち生涯未婚者）に、そのまま親と同居している、というケースである。日本では離婚率の上昇が見られていると同時に、一方で結婚しない独身の男性、女性の増加が見られ、ここで述べた老老介護のケースはかなりの数になっている。しかしここでのケースで救いがあるのは、子どもの年齢がまだ比較的若いので、老親の介護にそう困難な支障はない、ということである。ただし子どもが年をとればその限りではない。

老老介護の問題を離れて、第二のケースで深刻なことは、子どもが六五歳の高齢に達していなくて四〇代、五〇代の独身の子どもと高齢の親との同居では、子どもの所得が低くてこれら同居の家庭が貧困に苦しんでいるケースがある。親の介護にあたるために子どもが職を辞した結果、無収入か非常に低い収入しかないことなどがある。これに離婚した子どもに孫がいて同居すれば、家計の貧困さはますます深刻となる。換言すれば、母子家庭に母親の親が要介護として同居するケースである。どれほど苦しい生活が強いられるかは容易に想像できよう。

二〇一五（平成二七）年の秋に安倍政権は「新・三つの矢」を掲げて、そのうちの一つとして介護離職ゼロの方針を主張した。親族の介護にあたるため仕事をやめる人の数をゼロにするという目標である。介護離職者の数は日本では年にして二〇一三（平成二五）年でおよそ九・三万人である。女性が七・一万人、男性が二・三万人（四捨五入によって男女計の数字に不一致がある）なので、介護は女性という特質がそのまま出ている。目標としては正しいものなので評価しているが、どのような具体策がこれから登場するのかを見守りたい。

裕福で優雅な高齢者

ここでは老老格差の象徴として、孤独死を遂げる悲惨な高齢者と対比させる意味で、老後を裕福かつ優雅に暮らす高齢者の一端を紹介してみたい。それは高級老人ホームに入居する高齢者によって代表され、高い入居一時金、高い毎月の生活費、周到に準備された医療・介護体制、そして高級ホテル並の部屋と食事などのサービスの高級さ、などによって象徴される。

一つの代表例として、ホームページでも紹介されているある超高級老人ホームの実態を書いておこう。入居一時金が八七五〇万円から三億七〇〇〇万円かかる。この額は償却期間一五年という下で、途中で死亡したり、退所したときに一部を返却する制度となっている。まずこれだけの資金を入居時に一挙に払うことのできる高齢者は、第一章の高齢者の貯蓄状況調査によるとごく一部に限られること明らかである。それに生活サービス一時金が一名入居で七二〇万円、二名入居で一四四〇万円かかる。

入居後は管理運営費として月額で一名入居が二〇万四一二〇円、二名入居が三二万八九六〇円が必要だし、食費も運営基本料として一名入居三万二四〇〇円、二名入居で六万四八〇〇円を払うし、豪華なので毎回の高い食費代がこれに加わることはいうまでもない。さらにこれはどこでもかかることであるが、光熱費や医療、介護費用の実費が必要である。これらを合計すると、一名入居で最低三〇万円、二名入居で最低五〇万円は生活費として必要である。

入居時における巨額の資金、そして入所してからの毎月の生活費の高さを考慮すると、入居時に二、三億円以上の資金を貯蓄している必要がある。入居後の生活にも年額の最低で単身で七〇〇万円、夫婦で一〇〇〇万円以上の支出が可能な高齢者でないと入居できない。引退後にこれだけの資金を準備するには、このためだけでも資産が五〜一〇億円程度ないと無理と思われる。

豪華な住環境と毎日の多分おいしいであろう高価な食事を楽しみ、そして恵まれた種々のサービスを享受できる高齢者は存在するのである。こういう超高級の老人ホームの存在があり、かつそれらに実際に入居している人がいるのであるから、日本にも超高所得、超高資産保有の高齢者が実在しているのは確実である。そして病気になったときの治療は常駐の医者がいて担当するし、要介護になったときの介護サービスも、ホーム内にある別部屋で万全の介護をするという契約がなされている。健常なときも病気・要介護になったときも、非常に恵まれた生活を送ることができるのである。「人生はお金次第」と言えるかもしれないほど、裕福で安心・かつ優雅な生活のできる高齢者なのである。

ここでは高級老人ホームの例を紹介したが、ホームに入らず自宅で豪華な生活を送ることのできる高齢者も存在する。家屋は豪華であることは当然として、家事や介護をしてくれる人を私的に雇うことによって生活する人々である。どれだけの費用を毎月、あるいは毎年払っているかの数字を出すことは困難であるが、もっとも恵まれた高齢者はホームに入らず自宅で暮らす人かもしれない。

さらに経済的に余裕のある高齢者は、豪華客船による世界一周旅行、別荘を持っていて冬や夏の季節には避寒や避暑の生活を楽しめる人もいるかもしれない。こういう超高級老人ホームを基点にする人や、自宅で優雅な生活を送れる高齢者の実態はまだそう明らかではないが、日本人の中で存在していることは確実である。

介護制度の改革案

最後に、日本において介護制度をより良いものにするために必要な改革案をいくつか箇条書きにしておこう。

(1) 介護にあたる人の労働条件を良くすること。

家族なり親族が介護にあたるときは、心身ともにつらい作業ながらも愛情を感じながら介護にあたるので、経済面や労働面への支援策はそれほど深刻に考えなくてもよい。ところが訪問介護や通所介護、あるいは施設での介護では、ほとんどの場合第三者があたるので、家族・親族での介護のようにはいかないことは明らかである。そのために介護業務への報酬や労働条件は重要なこととなる。なぜならば下の世話などにもあたるし、夜勤の労働がほとんどのケースである場合、つらい作業に従事していることは確実だからである。

介護の作業はさほど高い技能を必要としないので、ごく普通の体力と能力を持った人ならそれほど長時間の訓練を経験しなくとも従事できる。一番の問題は人のあまりやりたがらない作業を含むことにある。経済学はこの問題に関して正当な理由を与える理論を持っている。それは「補償賃金仮説」と称されるもので、わかりやすくいうと危険度の高い仕事、誰もやりたがらないいきつくてつらい仕事などにはプレミアムを付与して、高い賃金を払うべし、というのがある。一昔前に各家庭での「し尿収集」を行う人にはなり手が少なく、賃金を高くすることによってようやくそれに従事する人を雇用できた時代があった。介護の仕事もややこれに似た性質があるので、「補償賃金仮説」を応用して介護にあたる人の賃金アップ策を導入すべきである。それほど技能の高くない作業をしているのだから低い賃金でよい、という通念は破棄されねばならない。

介護人の月収は月額で手取りが初任給が一二～一四万円、その後一五～一七万円前後になるとされるが、これとてボーナス込みで年収が二五〇～四〇〇万円程度にすぎない。年功で上昇する分は少ないのである。もし正規社員ではなく非正規社員だとこれより安い収入とならざるをえない。

もっと賃金を上げないと、人手不足に悩んでいる介護業界では介護にあたる人の十分な確保は不可能である。さまざまな介護人に対するアンケート調査によると、介護人の労働条件に関して七〇%前後の人が不満という意思を持っていることがわかっている。「介護という仕事は苦しんでいる人を助けるのだから尊いことであり、尊いことをしているという誇りがあれば安い賃金は我慢できるはずだ」、という論理は通用しない。

この論理に関しては、社会学において「やりがいの搾取」という理論があって、介護のような尊い仕事をしている人にはやりがいがあるので、低い賃金でもよいという発想をする。それは、見方によっては搾取とみなせるが、労働者はそう考えずに一生懸命に働くという考え方である。

これに対して橘木・高松（二〇一六）ではこの理論を否定している。

肝心なことは賃金アップの財源をどこに求めるかである。

まず当然浮かぶ案は税収を財源にして賃金補助金を払う案である。「補償賃金仮説」は市場原理のみで決まる賃金額以上の賃金支払いを認めるので、その増加分を公共資金で賄うことには一定の根拠を有している。したがって国民一般から徴収した税金をこの賃金補助の財源に用いてよい。現在でも介護給付額のおよそ半額は税収によって賄われているので、その額をもう少し増加させることによって実行できる。

しかし賃金補助金の全額を税収で補うことはやり過ぎとなる。なぜならばここにモラルハザードの発生する恐れがあるからによる。介護士の賃金が上がることにより介護ビジネスの供給体制が増大すれば、それに応じるべく需要の増加が発生するかもしれない。やさしく言えば、必要以上の介護サービスを望む人の増加がありうるので、そこにはなんらかの規制が必要となる。そのための手段としては介護を受ける人の負担をも少し上げることによって、モラルハザードを防ぐ手当てが必要である。

それには二つの方法がある。第一は、介護を受ける人の給付額の自己負担分を、現在の一割負担から二割負担に上げる案である。この案は既に見たように所得のない、あるいは低所得の要介護高齢者にとって酷なことなので、負担が可能な所得のある人だけに限定することがあってもよい。第二は、介護保険料の徴収額のアップ策である。これも現役で働いている人、あるいは高齢者で介護保険料を拠出している人に対して酷なことを要求することとなるが、次に述べるように妙案がある。それは介護保険料の支払いの始める年齢を、現在の四〇歳から引き下げて、人が勤労を始めて賃金・所得を得ることとなる年齢のときから拠出をお願いする案である。すなわち、年金や医療保険料の支払いを始める年齢と同じにする案である。

（2）介護保険料支払開始の年齢を引き下げる。

今まで介護保険料を支払い始める年齢を四〇歳にしていた理由には次のようなものがある。第一に、これまで日本に存在していなかった介護保険制度を新しく導入するに際して、まだ介護保険制度の意義を理解していなかった国民の多くに、特に若い年齢の人にいきなり保険料の支払いを強要することは困難であると判断していた。第二に、これは特に二〇歳代、三〇歳代の若い年齢層にとって、自分が要介護になるかもしれないことを想像すらできないので、保険料支払いを納得しないだろうと判断していた。それに年金はある年齢に達すればいずれ誰でも給付を受けることになるが、介護を自分は必要としない可能性があると思う若い人がいても不思議はない。第三に、二〇〇〇年度あたりでの介護保険制度の導入時においては、まだ要介護の人の数はそう多くなかったし、なによりも保険料を払っていた人が少なかったので一人当たりの給付額は低くてよく、これら二つのことから総給付額が少なくてよかった。そうすると、保険料収入も大きくなくてよかったのである。

制度が成熟して要介護者の数が増加したし、高齢化により高齢人口の増加がこれに拍車をかけたことにより、総給付額の増加が見られた。保険料収入の増加がこれに追いつかねばならない。その手段の一つが保険料支払い開始年齢の引き下げである。これによって保険料徴収の総額を上げることができるし、先程述べた介護人への賃金補助金の財源としても使用が可能になるのである。

なおこの年齢の引き下げ案には反対論が強いかもしれない。自分が若い年代の頃から介護保険料を払い始めても、自分が高齢者になって要介護者にならなければ払い損になる可能性があるので、介護保険制度に加入しない人がいるかもしれない。年金制度であればほとんどの人が年金給付を受領することになるが、介護の場合には要介護になる確率は五〇％以下なので、このように思う人がいても不思議はない。これに対する対応策は、保険制度とはこういう時には保険給付金を受け取らないことがある特質があるということを、国民全員に分かってもらえるような啓蒙活動が必要である。損害保険の場合には事故がなければ保険の給付がないことは皆の知るところである。火災保険や自動車保険と同じ論理をわかってもらえるようにする。介護の場合、もし要介護になってから所得がなければ介護を受けられなくなって悲惨な人生となる。そのことを避けるため、保険制度に入ってリスクに備えることは大切なことであるし、払い損の発生は保険制度の持つ特性であると納得してもらわねばならない。

（3）介護ビジネスにおける各種の不正と不祥事の排除

グループホームで火災が発生して入所者が焼死したとか、民間の介護施設の建物から要介護者が転落したとか、重症の認知症の要介護者をベッドに縛り付けにしたとか、介護給付の申請を介護人が不正に行ったとか、介護の世界では様々な不正や不祥事が発生している。要介護の人々自身がこれらの不正に異議の申立てをすることが不可能なので、まわりの人々がていねいに施設や介護人の監視を行う必要がある。

個々の問題にどう対処するか、ということよりも、ここでは一般論としてどのようなことが必要か、ということを論じておこう。最終的には公的機関の監視と、必要であれば罰則の適用が必要であるということと、責任の所在をはっきりしなければ、介護ビジネスはうまく機能しないということを明記しておきたい。公的機関とて予算と人員の不足で監視を完璧にできないのが現実なので、予算と人員の増加をせねばならないだろう。公共政策を完璧に行うにはそれなりの管理費用が必要である。そして、それにはと国民の理解が必要なのである。

第3章　年金にまつわる格差

1　公的年金制度の重要性

高齢者所得に占める公的年金の比率

労働から引退した高齢者間の所得格差については前の部で詳しく検討した。ここでは高齢者所得のうちもっとも大きな所得比率を占める年金給付に注目して、公的年金制度が高齢者の所得格差に与える効果を吟味しておこう。

まず高齢者の所得が何を源泉としているのかを知ってから、公的年金の果たす役割がどれほどなのか、表II―6で確認しておこう。この表は日本人の高齢者（年齢は六五歳以上）の一世帯当たりの平均所得額と、その源泉別の所得額を示したものである。既に見たように高齢者間の所得格差にはかなり大きなものがあり、この表はその平均像を示したにすぎない。

総所得は三〇三・六万円であり、世帯人員の一人当たりに換算すると一九五・一万円である。高齢者だけでなく日本人全体の世帯で見ると、一世帯で五四〇万円あたり、世帯人員の一人当たりで二一〇万円あたりの所得なので、この両者にはかなりの差がある。すなわち、高齢者世帯は全世帯での総所得額よりも二〇〇万円以上の所得差があるので、高齢者になると格段に所得が低下することがわかる。これは一にも二にも、現役のときは労働をしていたので賃金を筆頭にした所得の額が高いが、高齢になって働いたとしても賃金は低いし、大半の人は労働から引退しているので労働所得がゼロであることが影響している。

むしろ興味深いことは、世帯人員一人当たりで計測すると、高齢者が一九五万円、全世帯が二一〇万円なので両者に大きな差のないことである。全世帯だと子どもの数が考慮されるので世帯人員が多くなり、一人当たりに換算するとその額がかなり減少するが、高齢世帯だと世帯人員が少ないので一人当たりではそう減少しないのである。これは高齢者の所得総額は引退前よりもかなり減少するが、一人当たりの所得による生活実感から評価すると、それほどの下落はないことを意味している。

ところで高齢者の平均総所得三〇三・六万円を月別に換算すると、二五万三〇〇〇円ということになる。高齢者にとってこれだけの所得によって一ヶ月の家計支出がカバーできるかと問えば、裕福な暮らしはできないがなんとか最低生活以上のものができると言える。特に世帯人員一人当たりにすると、月額一六万二五〇〇円と計算されるので貧困ではなくそこそこの生活ができる額と考えてよい。もっともこれは平均的な話であって、既に見たように高齢者の所得格差は大きいので、上の人と下の人との間の生活実感の差はとても大きいと記憶しておきたい。

この表でもっとも重要なメッセージは、源泉別の所得のうち公的年金・恩給が二〇九・八万円

表Ⅱ－６　高齢者世帯の所得

区分	平均所得金額		
	一世帯当たり		世帯人一人当たり（平均世帯人員）
高齢者世帯	総所得	303.6 万円	195.1 万円（1.56 人）
	稼働所得	59.2 万円（19.5%）	
	公的年金・恩給	209.8 万円（69.1%）	
	財産所得	17.6 万円　（5.8%）	
	年金以外の社会保障給付金	2.3 万円　（0.8%）	
	仕送り・その他の所得	14.6 万円　（4.8%）	
全世帯	総所得	548.2 万円	208.3 万円（2.63 人）

出所：厚生労働省「国民生活基礎調査」（平成 24 年）（同調査における平成 23 年 1 年間の所得）
（注 1）　高齢者世帯とは、65 歳以上の者のみで構成するか、またはこれに 18 歳未満の未婚のものが加わった世帯をいう。
（注 2）　福島県を除いたものである。

に達していて、総所得のうち実に七割近くを年金給付が占めていることにある。次いで労働による稼得所得が五九・二万円であるが、その総所得に占める比率はかなり低くなっている。完全に労働から引退した人にとってはこの額はゼロに近いことは言うまでもない。
　次に高い額は一七・六万円の財産所得であるが、これは稼得所得よりもかなり低い額である。この表は全高齢者の平均額なので、貯蓄額ゼロという財産所得ゼロの人は第一章で見たようにかなりの数いたし、その逆にかなり高額の貯蓄・資産を保有していた人もいたのであり、高資産保有の人の財産所得は一七・六万円よりもはるかに高い額で、一〇〇万円から一〇〇〇万円、あるいはそれ以上に達する人もごく少数ながら存在することを忘れてはならない。すなわち、財産所得が一七・六万円という平均額から知りえることはほとんどなく、むしろその分布が格差の大きいゆがんだものであることの方が重要である。

公的年金給付の分布と格差

平均の姿として高齢者の所得の約七〇%が公的年金で占められていることがわかったが、次の関心はこの年金給付額が総所得に占める比率がどのように分布しているのかと、給付額そのものがどのような分布、あるいは格差の状況にあるのか、ということである。すなわち、高齢者は自己の生活資金としてどれだけ年金に依存しているのか、そしてその依存に全幅の信頼をおいてよいのか、がここでの問題意識である。

図II―10は高齢者の全所得額のうち、公的年金給付額の占める比率の分布を示したものである。例えば、総所得の一〇〇%が公的年金で占められる高齢者は五六・八%存在し、それが二〇%未満にすぎない高齢者は二・九%しか存在していないことを示している。この図でもっとも印象的なことは、総所得のうち一〇〇%、すなわち全額を公的年金で占められる高齢者が実に半分以上いることである。換言すれば、公的年金以外の所得はないという高齢者が実に過半数を占めているのだ。

この事実の意味には実に大きいものがある。引退してからは全所得を年金だけに依存している人が半数以上ということは、過半数の高齢者の生活は年金依存なのである。年金だけに頼っているなら、年金給付額の変動があれば高齢者の多くは生活水準の変更を強いられるということになる。年金制度が安定的に推移されねばならない、という命題がここから発せられることになる。すなわち、もし大幅な年金給付額のカットがなされれば、高齢者はたちまち生活苦に陥ってしまうことにつながるからである。

この図によると、公的年金の占める比率が八〇〜一〇〇%という高齢者が一二・五%存在し、その比率が六〇〜八〇%、四〇〜六〇%というように下降すれば、何%の高齢者がそれに該当するかの比率も低下することが示されている。公的年金が総所得に占める比率が下降することには、いくつかの留保がある。ここでは最低の比率である二〇%未満の高齢者が二・九%、二〇〜四〇%の人が六・二%存在するが、これらの人の低い比率には、二つのケースがある。第一に、一部の人は稼得所得や財産所得が非常に大きいので、公的年金の占める比率が必然的に相対として低くなる。第二に、現役労働のときに何らかの理由で公的年金保険料の拠出額が少なかったので、年金給付額が低くならざるをえず、結果として公的年金が総所得に占める比率も小さくなる。第二のケースでは総所得が高ければ生活苦は起きないが、もし年金以外の所得も低ければ総所得の

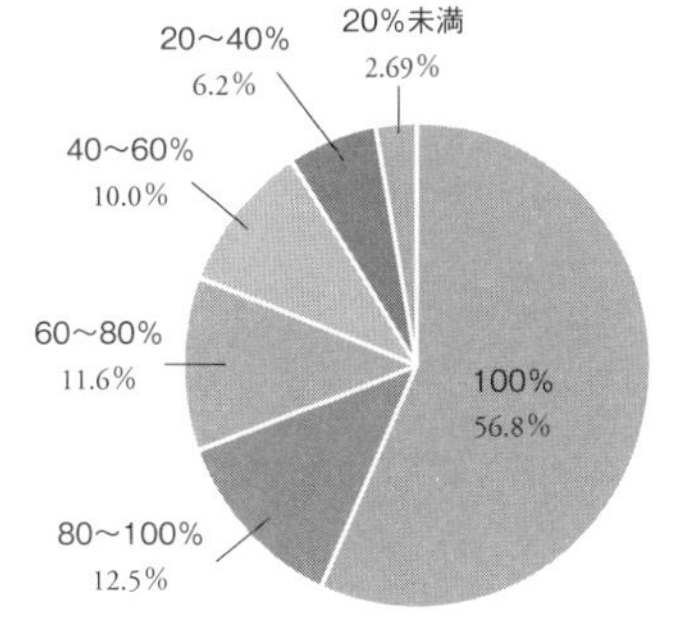

出所：内閣府『2014（平成26）年度高齢社会白書』

図Ⅱ−10　高齢者世帯における公的年金所得が総所得に占める比率

低いことを意味するので、生活苦が発生するので問題は大きい。

ここで述べた第二のケースに関する関連事項として、公的年金給付額が低い人がどれほどいるかを確認しておこう。表II―7は年額の公的年金給付額が五〇万円（月額にすると四・二万円）に満たない高齢者がどれほどいるかを示したものである。年金だけで生活できない人であることは確実な数字である。この表でわかることは三つある。第一に、男性で一〇％前後、女性で二四～二九％の比率で年金額の非常に低い高齢者が存在している。もしこれらの人が総所得の一〇〇％を年金で占めている人であれば、生活苦の高齢者であることは確実であるが、もし他の源泉からの所得が多ければその限りではない。ただし図II―10によって一〇〇％を公的年金で占める高齢者が半分以上いるので、単純に考えて少なくとも男性のおよそ五％前後、女性の一三～一五％の人は生活できないほどの低年金、すなわち低所得の生活苦にいることが想像できる。

第二に、年齢が上昇するとともに男女ともに、五〇万円未満の年金給付額しかない高齢者の比率が増加しているので、高齢者の中でも年齢の高い人ほど低年金の人が多く、すなわち生活苦に陥る人が多くなる可能性を示唆している。特に八五歳以上の高齢者にこの比率が高いが、一つの理由としてこの年代の人々が現役で働いていた頃は年金制度がまだ未成熟の時代だったので、年金制度に加入していなかった人や、加入していても保険料拠出額の少ない人がいたことが影響していることがある。

第三に、とはいえ時代が二〇〇〇（平成一二）年を過ぎるとともに、男女ともにそしてすべての年代を通じて、五〇万円未満しか給付額のない人の比率は低下していることが読み取れる。これは好ましいことである。今後を予測すれば低年金で苦しむ高齢者の数は減少するかもしれない。ただしこの予測は条件付きであって、最近実行されているように、公的年金財政の不安から年金給付額のカット策が続けば、この予測は成立しない。

筆者はこれに関して、公的年金給付額に税金の投入を行って基礎年金給付額をアップする策を主張している。詳しくは橘木（二〇〇五）参照のこと。そのために消費税アップによる税収を基礎年金にもっと投入すべし、というのが私案であるが、必ずしもこの案に賛成しない人も多いので、年金給付額を上げる策は導入が困難かもしれない。

表Ⅱ－7　男女別・年齢別に見た年金受給額が50万円未満の人の比率

	男			女		
	2000	2003	2006	2000	2003	2006
総数（%）	10.0	9.3	9.2	29.4	26.8	23.8
65 ～ 69 歳	8.1	7.2	8.1	21.1	20.5	19.1
70 ～ 74 歳	7.6	8.1	8.5	27.4	22.5	19.2
75 ～ 79 歳	12.8	9.6	8.6	35.3	31.4	22.6
80 ～ 84 歳	12.4	14.5	11.8	35.8	32.7	33.9
85 ＋歳	25.1	20.2	15.8	45.8	41.1	37.3

出所：稲垣誠一（2009）「年金額分布にみられる公的年金制度の発展の足跡」『年金と経済』vol.28, No.3, pp. 39-46.

では年金給付の額はどのように分布しているのであろうか、統計を検分しておこう。図Ⅱ—11は厚生労働省による『後期高齢者医療制度、被保険者実態調査、二〇〇八年度』から、後期高齢者（七五歳以上）の年金給付の分布を示したものである。この図によると、下は年金なしから上は五〇〇万円以上という超高額の年金を受けている人までの分布が示されている。もっとも多い分布は四〇万円から六〇万円の間にいる人でおよそ二五〇万人弱である。その両隣の二〇万円から四〇万円に一二五万人、六〇万円から八〇万円に一八〇万人が存在している。もう一つのピークは三〇〇万から三五〇万円（月額にすると二五万円から二九・一万円）という比較的高額の年金を受け取っている人がいる。年金制度にも大きな格差が存在しているのが日本なのである。

もとよりこの二山分布の下の方のピークにいる高齢者は、先程述べた年金額五〇万円未満の人と共通のことが言えて、生活は楽ではなくむしろ非常に苦しいと言った方がよいであろう。一方で年金を三〇〇万円から三五〇万円受領している人は、高い給付なので額を削減した方がよい、という意見を持つ向きもあるかもしれないが、これには賛成しない。なぜならば、国民すべてがこの程度の額の年金給付を受けて、そこそこ豊かで安心のある老後の生活を送れるようにすることが非常に重要なことであると思うからである。そのためには、年金額が二〇〇万円以下の人々を全員三〇〇万円以上にする政策がこそ望ましい。

その政策のためには、繰り返すが負担のアップを国民にお願いするしかない。それを保険料のアップで賄うのか、それとも税収のアップで賄うのかは論者によって異なるが、筆者は消費税率のアップ論の主張者である。もとより年金をはじめ、医療と介護といった社会保障制度の充実に異を唱える人は日本には多いので、筆者の主張は少数派である。福祉国家の樹立よりも、人々の自立心に期待して、国家は一歩下がって福祉政策は最小に抑制して、むしろ民間経済を強くする政策を主張する意見が日本では多数派である。

公的年金加入者の所得の実態

高齢になってから公的年金給付を受け取る人の実態はわかったが、人々は給付を受ける前に保険料を払ってきた。どれだけ保険料を払ったのかが給付額の決定に重要な役割を演じることは当然なので、その保険料算定の基準となる所得額がどれだけであるかに注目してみよう。

公的年金（厚生年金、国民年金、公務員共済等）には大きく区分して三種類の被保険者がいる。すなわち、自営業者、学生、無職の人が加入する国民年金だけの第一号被保険者、会社員や公務員が加入する厚生年金の第二号被保険者、妻を中心とした被扶養配偶者などの第三号被保険者であ

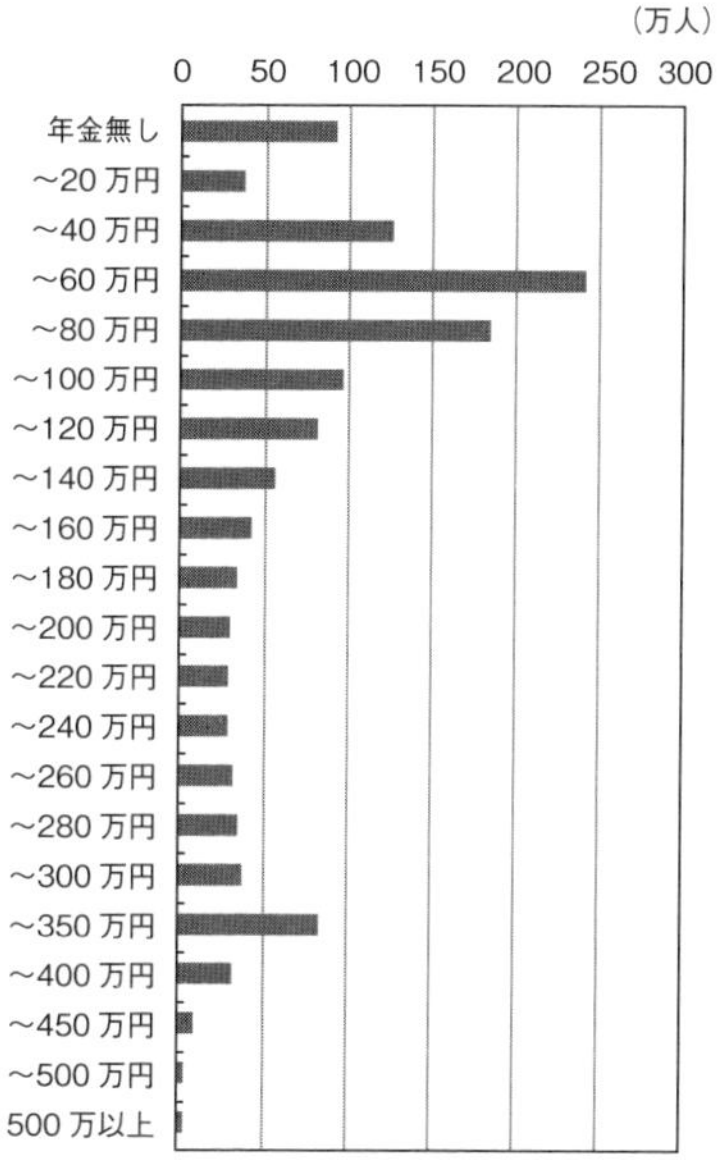

出所：厚生労働省『2008年度、後期高齢者医療制度、被保険者実態調査』

図Ⅱ－11　高齢者の年金額分布の実態

る。

第三号被保険者については専業主婦が多いのであるが、内助の功を評価する考えが支配的であった時代に決められたものとして、保険料を払わなくとも国民年金に加入できるとされてきた。特に夫が死亡したときに厚生年金の遺族年金を受け取れる特典がある。

一方で勤労している妻は所得があるだけに保険料負担があるわけで、働いている妻と働いていない妻の間で保険料負担の不公平性が問題となった。具体的には働いている妻から、働いていない妻の保険料負担のないことへの不満である。「内助の功も働いているのだ」という思想が優勢だった時代はともかく、働く女性の多くなった現代ではこの不公平性は徐々に解決の方向にあるので、その動きに期待したい。

ここで注目したいのは、第一号、第二号、第三号の被保険者間における所得の格差である。表II―8はそれぞれの保険者の平均年収を示したものである。所得に注目すると、第一号被保険者と第二号被保険者の間で大きな格差が存在することが見える。すなわち自営業者の平均収入が一五九万円、雇用者のそれが四二六万円なので、およそ二・六八倍の差がある。主たる稼ぎ手である男性だと二〇五万円と五〇四万円であり、二・四六倍の差となっている。なお第三号被保険者は無業が多いので、五五万円という年収の低さは当然である。

このことは保険料を払う算定基準となる所得に大きな差があるので、払う保険料に大きな格差が出ることは容易に想像できる。しかも自営業者の加入する国民年金の保険料は基本的に定額な

表Ⅱ－8　公的年金の加入状況別　１人当たり平均年収

（単位：万円）

	加入者							
		第 1 号被保険者			第 2 号被保険者			第 3 号被保険者
			配偶者有	配偶者無		配偶者有	配偶者無	
計	297	159	220	113	426	503	302	55
男性	419	205	324	123	504	583	331	173
女性	166	112	126	100	283	299	269	54

※　男性の第 3 号被保険者の平均年収が 130 万円以上となっているが、これは前年の年収である。
出所：厚生労働省『公的年金加入者等の所得に関する実態調査』2012 年

ので、このことも全体として低い保険料額の拠出にしかならない。この二つの性質の相乗効果によって、第一号保険者による自営業者の年金給付額が低くなることは避けられない。

一方で第二号被保険者の保険料算定はある所得水準までは比例料率なので、所得に応じて保険料拠出額が高くなることとなる。さらにこの表で見たように、第二号被保険者の年収の方が第一号被保険者のそれよりもかなり高いので、拠出する保険料の額が高くなるのである。そうすると会社員や公務員の年金給付額は、保険料拠出額の大きいことによって、年金給付額も高くなるのである。

これら自営業者を中心とした第一号被保険者と会社員や公務員を中心とした被雇用者たる第二号被保険者の間で所得の格差のあることと、保険料拠出額に差の生じることが、公的年金給付額の格差となって出現している重要な理由の一つなのである。もとより働いていた年数という雇用期間の差による所得格差がかなりあるので、被雇用者においても低所得者と高所得者間で年金給付額にかなりの差の生じることを忘れてはならない。そのことを端的に示すのが表II―9である。これは厚生年金などの第二号被保険者の所得分布を示したものである。年収二五〇万円から三〇〇万円以下が八・六%ともっとも多く、それ以下の年収の人も三〇%弱いて、それらの人は低所得の人とみなしてよい。それより高額の年収の人は逓減的に増加しているが、年収五〇〇万円以上の人もかなりいる。これらは被雇用者間での年収差がかなりあることを示している。さらに後の述べるように、厚生年金の保険料算定には逆進性があるので、このことは低所得者に不利、高所得者に有利となっていることを付記しておこう。

ここで述べたかったことは、次のように要約できる。高齢者間の大きな所得格差をこれまで述べてきたが、その一つの要因として公的年金給付額の格差の大きさによって理解できるが、その元をたどれば現役で働いていたときの所得格差、まずは自営業者と被雇用者の間の年収格差、さらに被雇用者間の年収格差の二つによって説明できるのである。換言すれば高齢になってからの所得の老老格差は、現役で働いていたときの年収格差がそのまま後になって出現しているのである。

現役時代の所得格差を小さくすることが肝心

既に述べた消費税率一五%による基礎年金構想を実施するには、経過措置が必要なので数十年の時間を必要とする。それまでの間にやらねばならないことを述べておこう。これまで見てきたように、年金給付額の間にはかなりの格差があるが、大きな要因としてここで見た現役のときの

表Ⅱ-9　年収階級別第２号　被保険者等数の相対度数分布

年収階級	計					
			男性		女性	
	累積百分率（%）	百分率（%）	累積百分率（%）	百分率（%）	累積百分率（%）	百分率（%）
計	—	100.0	—	100.0	—	100.0
50 万円以下	6.3	6.3	4.8	4.8	9.0	9.0
（うち収入なし）	—	（ 4.0）	—	（ 3.4）	—	（ 5.1）
50 ～ 100 万円以下	9.8	3.5	6.5	1.7	15.8	6.7
100 ～ 150	14.3	4.5	8.7	2.3	24.4	8.6
150 ～ 200	21.6	7.3	12.6	3.9	38.0	13.5
200 ～ 250	30.0	8.4	18.5	5.9	51.0	13.1
250 ～ 300	38.7	8.6	25.3	6.8	63.1	12.0
300 ～ 350	47.1	8.4	33.3	8.1	72.2	9.1
350 ～ 400	55.0	7.9	41.9	8.5	78.9	6.7
400 ～ 450	62.0	7.0	49.9	8.1	83.9	5.0
450 ～ 500	68.3	6.3	57.8	7.9	87.3	3.4
500 ～ 550	73.3	5.0	64.3	6.5	89.5	2.2
550 ～ 600	77.5	4.3	69.7	5.4	91.8	2.3
600 ～ 650	81.2	3.7	74.5	4.8	93.5	1.7
650 ～ 700	84.7	3.4	78.7	4.2	95.5	2.0
700 ～ 750	87.8	3.1	82.8	4.0	96.9	1.4
750 ～ 800	90.4	2.6	86.2	3.4	98.1	1.2
800 ～ 850	92.4	2.0	89.0	2.8	98.6	0.5
850 ～ 900	94.1	1.6	91.4	2.3	99.0	0.3
900 ～ 950	95.2	1.1	93.0	1.7	99.1	0.2
950 ～ 1,000	96.1	0.9	94.3	1.3	99.3	0.2
1,000 万円超	100.0	3.9	100.0	5.7	100.0	0.7
第 2 号被保険者等 1 人当たり平均年収（万円）	426		504		283	
第 2 号被保険者数（千人）（構成割合（%））	39,085（100.0）		25,230（64.6）		13,855（35.4）	

※　男性の第 3 号被保険者の平均年収が 130 万円以上となっているが、これは前年の年収である。
出所：厚生労働省『公的年金加入者等の所得に関する実態調査』2012 年

年収差があった。それらを生む背後の原因には次の四つがある。

第一は、被雇用者は半強制的に年金制度に加入し、かつ保険料を払っているが、自営業者や無職の人の中には加入しない人や、特に保険料を払っていない人が目立つ。これらの人の年金給付額は必然的に低くなり、年金給付額の格差を生む要因になっている。半強制的にでもこれらの人々が保険料を払うことになるような手立てが必要である。そのためには国民に対して保険料を払っていないと、年金給付から排除されるので本人が不幸になるということを積極的に啓蒙する必要がある。

第二は、被雇用者の加入する厚生年金においても、勤労中の賃金格差のあることが影響している。特にパート、アルバイト、期限付き雇用、派遣といった非正規労働者の中では労働時間が短いので、厚生年金に加入する資格のない人がいる。こういう人は最悪の場合無年金のことがありうる。さらに加入したとしても時間あたりの賃金が低い人が多いので、保険料拠出額が少なくなって必然的に給付額も低くなる。この問題に対処するには、労働時間の短い人も厚生年金に加入できるようにすることと、正規労働者と非正規労働者の間で時間あたり賃金格差をなくすること（すなわち同一価値労働・同一賃金の導入）が肝心である。

第三は、現在働くことをやめて引退している高齢者が現役のときには、賃金格差において日本特有の特色があったことを指摘しておきたい。それは男女の賃金格差が非常に大きかったことと、「二重構造」と称されたように大企業と中小企業で働く労働者の間にかなりの賃金格差があった。

これらのことが要因となって、現役だったころの賃金・所得格差は大きかったのである。このことが保険料の差となって年金給付額の差として現れたのである。

第四は、厚生年金保険料の算定が逆進的になっていることをやめることが必要である。保険料の額は賃金の上昇に応じてある一定額の賃金額までは増加する制度（すなわち一定比率の保険料率）であるが、その一定額を超えると定額の保険料となる。この算定方法は高額の賃金稼得者の保険料が増加しないことを意味し、逆進性の存在ということになる。やさしく言えば、低賃金者に不利、高賃金者に有利な徴収方法である。所得税率のように累進性を持たせた徴収方法にする必要がある。具体的にどの程度の累進度にすればよいかということまでは述べないが、少なくとも逆進性を排除して比例保険料にするとか、ゆるやかな累進性にすべきであると主張しておこう。このことはさほど論じてこられなかったことなので、ここで強調しておきたい。

2　公的年金制度における未納率の意味

国民年金制度の未納率

公的年金制度には雇用者の加入する厚生年金制度、公務員の加入する公務員共済（これは厚生年金と合併の途中にある）、そして自営業者や働いていない人が加入する国民年金制度がある。雇用者の場合には次の二つの理由によって、保険料の未納率はそう高くない。もっとも後に示すように無視してよいほどではなく、見方によっては未加入企業の存在によって未納率はかなり高いという解釈も可能であり、厚生年金制度とて万全ではない。

厚生年金制度において未納率の低い理由とは、まず一定の従業員数を雇用している企業なので、法律に従う意識が強いし、当局の監視にも厳しいものがある。次に労働者側からすると事業主が保険料の半分を負担してくれるので、負担感が緩和されるのであり、保険料を払うインセンティヴはそれなりにあるといってよい。ここでは国民年金制度に特化して議論してみたい。二〇年前から現在までの年金保険料の納付率と未納率の推移を示したのが表II―10である。まず気が付くことは二〇年前では納付率が八〇%の半ばで高く、したがって未納率も一〇%の半ばと低い数字であった。しかしその後徐々に未納率の増加が見られ、ピーク時では四〇%強の人が未納という状態であった。その後ここ数年は納付率はやや高まって未納率はやや低下したが、未だ四〇%前後の人が未納という深刻さである。

なぜ国民年金保険料の未納者が多いのか、理由は単純である。第一に、雇用者の場合には企業や役所が賃金からの控除ということで、納付の代理作業をやってくれるので、良い意味でも悪い意味でも半強制的に保険料を払うことになるが、国民年金は加入者が自発的に払うこととなっている。所得の低い人の多いことや、自営業者の所得変動は激しいので、急に所得の低下した人が払うことをやめることはありうる。

第二に、雇用者の場合には事業主負担分として総保険料の半額が不必要であるが、自営業者ではそれがないので雇用者よりも負担感が強くなり、払う意志の弱くなることはありうる。これは働いていない人、例えば専業主婦や失業中の人にも当てはまる。ただし、失業者や学生のように収入のない人には保険料免除の規定がある。

第三に、国民年金をはじめとして公的年金制度への不安感が少子高齢化社会に突入した結果として強くなりつつあるので、保険料をたとえ払っても将来の保険給付が最悪の場合にはないとか、あっても大幅な減額がありうると予想して保険料の支払いを渋る人が多い。これは図Ⅱ―12で示された年齢別の保険料納付率の違いを見ることによって明らかである。年齢の若い人ほど未納率

表Ⅱ－10　国民年金における年度別に見た保険料の納付と未納の推移

	納付率（%）	未納率（%）
2013	60.9	39.1
2012	59.0	41.0
2011	58.6	41.4
2010	59.3	40.7
2009	60.0	40.0
2008	62.1	37.9
2007	63.9	36.1
2006	66.3	33.7
2005	67.1	32.9
2004	63.6	36.4
2003	63.4	36.6
2002	62.8	37.2
2001	70.9	29.1
2000	73.0	27.0
1999	74.5	25.5
1998	76.6	23.4
1997	79.6	20.4
1996	82.9	17.1
1995	84.5	15.5
1994	85.3	14.7

出所：厚生労働省『年金財政ホームページ』

の高いことによって、この理由の裏付けができる。これは遠い先に国民年金制度がどうなっているかわからない、という不安感があることによる。もう一つ若い年齢の未納率が高い理由は、これらの年代の若い層は失業率は高く、また、非正規労働者が多いので賃金のない人やそれの低い人が多いこともある。

第四に、これは一部の国民の間に将来のことを考えずに、その日暮らしの快楽にうつつを抜かす人がいるので、そもそも年金制度に加入しない人とか、たとえ加入しても保険料を払わない人がいる。そして老後になって所得がなくとも政府が生活保護制度などで助けてくれるだろうと思っている人もいる。これはモラルハザードの典型的な例なので、不公正極まりない態度として排除されねばならない行動である。

ここで述べた理由を重視すると、国民年金制度の改革案として次のようなものが浮かぶ。特に国民年金は年金制度における基礎年金部分での位置付けにあるということを考慮して、保険料拠出による財源調達ではなく、税収による財源調達がよりふさわしいと筆者は主張している。具体的には夫婦で月額一七万円、単身なら九万円の基礎年金給付を橘木（二〇〇五）で主張した。国民全員（すなわち高齢者）に最低限の生活保障をするには、保険料で徴収すると様々な問題が生じて、払う人、払わない人、払えない人がでてくる。そのため、国民全員の拠出による税収を充てる方が効率的でもあり、かつ公平でもあると考える。具体的には、消費税率一五％を想定しての年金制度であるが、一〇年前の計算なので税率の多少の変更は必要かもしれない。しかし、この間は経済成長率が時にはマイナス成長率、ゼロ%から一%前後で推移してきたほぼ定常状態にいたので、マクロ経済に大きな変化はなく、税率一五%に大きな変更を必要としない。一〇年前の計算では日本の人口の少子高齢化は織り込み済みなので、その点からの変更要請もない。結論として、基礎年金全額方式のためには消費税率一五%が必要という主張は、現在においても有効である。

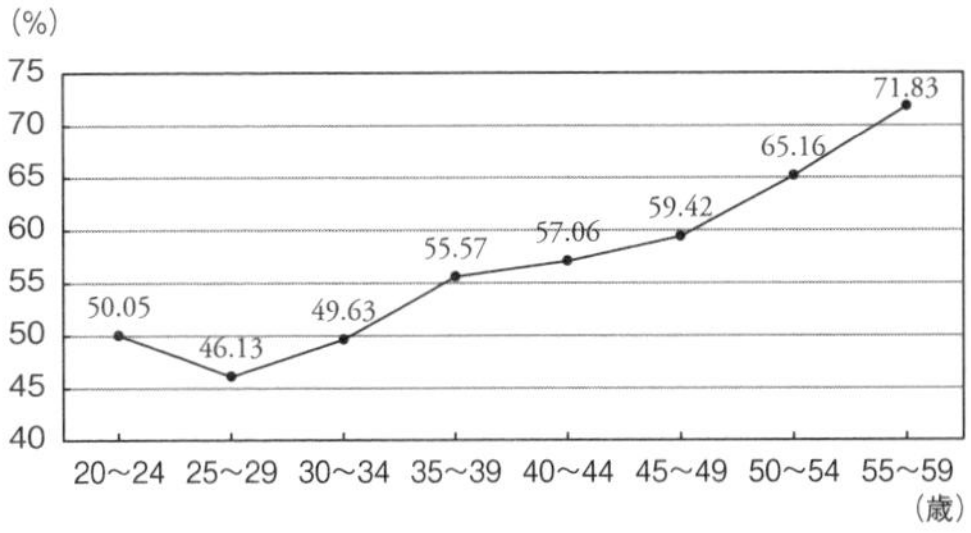

出所：厚生労働省『国民年金の加入・保険料納付状況』2011 年版

図Ⅱ-12　年齢別に見た国民年金における保険料の納付率（2011 年度）

厚生年金への未加入企業

厚生年金に加入する労働者は所属する企業が半強制的に保険料を徴収すると述べたが、そもそも企業の中で厚生年金制度に加入していない企業のあることをご存じだろうか。そういう企業で働いている人は厚生年金保険料を払っていない。そういう人の中で独自の判断で国民年金に加入している個人がいることは確実であるが、その人数については把握が困難である。

国土交通省が企業の社会保険加入状況に関して貴重な調査を行っているので、それを参照してみたい。建設業と不動産業のみが対象なので、全産業の結果ではないが、有用な資料なので取り上げた。図II―13は雇用、健康、年金の三保険制度にどの程度の企業が加入、未加入かを示したものである。ここでの関心は厚生年金保険制度なので数字を述べると、二〇一二（平成二四）年度において一一％が未加入と報告されている。無視できない数の企業が年金制度に加入していないのである。

規定によると、すべての法人事務所と五人以上の従業員を雇用する個人経営の事務所では加入の義務がある。荻野（二〇〇四）によると、二〇〇二（平成一四）年度において一八％の企業が加入していなかったと報告されている。一八％から一一％に未加入率が低下したので、いい方向に進んでいることは好ましいことではある。でも依然として一〇％強も存在しているので、無視できない。これらの企業で働く人は、将来における無年金者の候補である。

どれだけの人が厚生年金に、未加入なのか。図によると厚生年金に関しては実に四〇％の人が加入していないという驚くべき高い比率だということが分かる。企業では一一％が未加入なのに、労働者だと四〇％という高さなのである。この中には労働時間が短い人もいて、労働者としての加入要件を満たしていない人も存在するので、高い比率になる。既に強調したように、この四〇％のうち一部は国民年金に加入しているので、四〇％のすべての労働者が年金制度に未加入とは言い切れない。とはいえ、企業で働いている人なので、本来ならばこの比率はもっと低くなるべきものである。

なぜ一部の企業は厚生年金への加入を渋るのか。もっとも重要な理由は、保険料の事業主負担

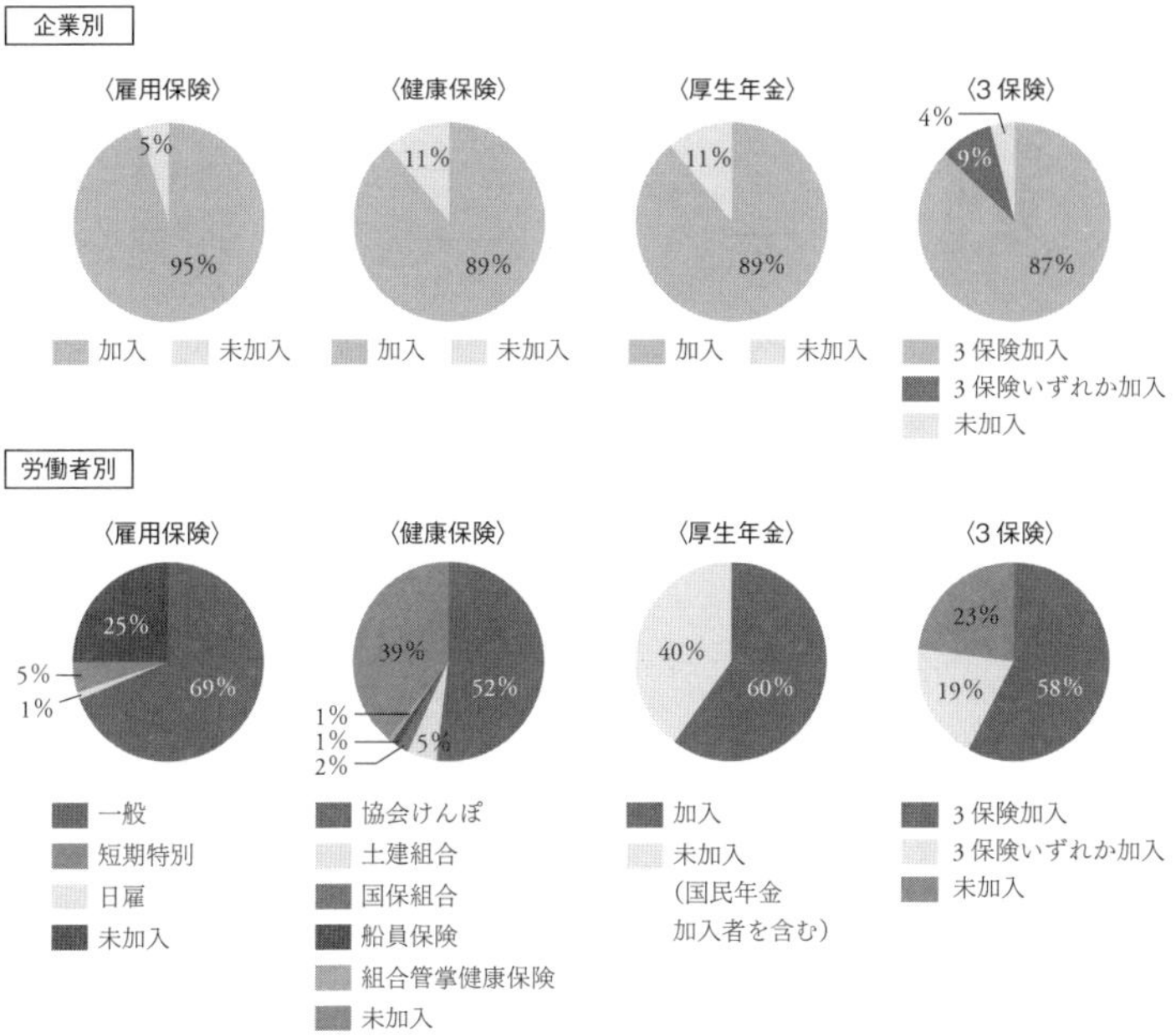

出所：国土交通省『公共事業労務費調査』2012年

図Ⅱ-13　社会保険加入状況

分を嫌っているのである。景気の良いときはともかく、不況のときには労働費用の節約を図る企業のあることは不思議ではない。それと小企業にとっては事務負担の面倒さがある。

ここに衝撃的な図がある。図Ⅱ―14は地域別（すなわち都道府県別）に三保険（雇用、健康、年金）での加入率を示したものだ。最高の加入率八六％の加入率なのは島根県であり、未加入率は一四％であるのに対して、最低は沖縄県の加入率二六％（未加入率は七四％）である。未加入率の高いのは、東京、神奈川、埼玉、千葉、大阪といった大都市圏で目立ち、逆に低い県は地方の県が多いことがわかる。この図の意味していることは加入率、すなわち未加入率の非常に大きな差である。大都市圏では小企業の数が多いことと、そもそも企業数が多いので当局の監視が行き届かないことが響いている。地方にある企業やそこで働いている人の方が、法令遵守の志向が強いとか社会保険制度の重要性を認識している程度が高い、ということまで言える情報を持ち合わせていない。

繰り返すがこの調査は全産業による調査ではないので一般化はできないが、およそのことは語れるので貴重な情報である。地域によってこれだけ大きな差が社会保険制度への未加入率にあることは好ましくないので、是正案が必要である。最後に、本書の関心からすると、健康保険への未加入率が一一％で厚生年金とほぼ同じ未加入率である。これら未加入の人が労働から引退して無保険者になったりしたら、まさに老老格差の下にいる人を生むことになる。こういう人が社会保険制度に加入する策を積極的に実行する必要があろう。

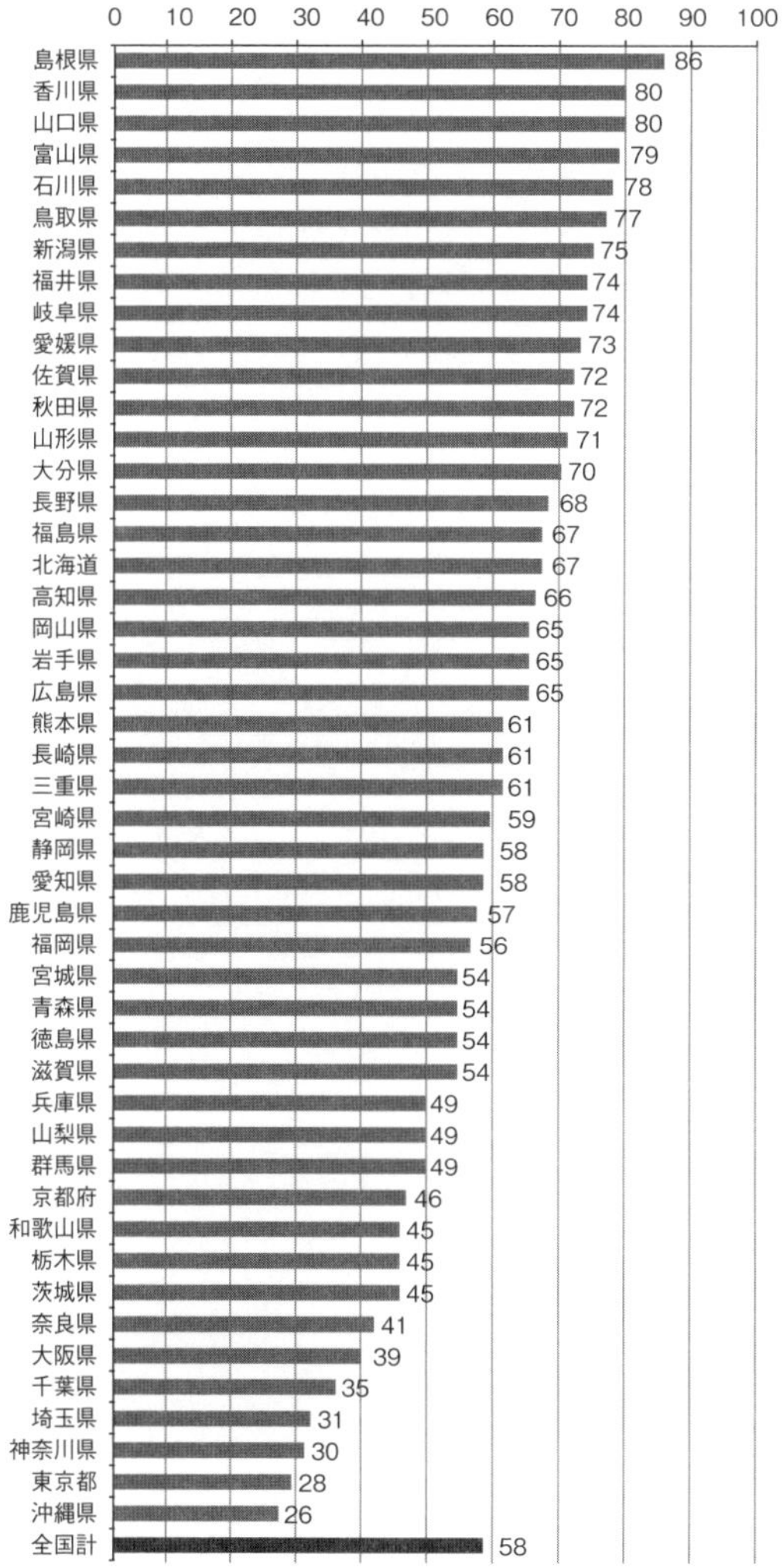

出所：国土交通省『公共事業労務費調査』2012 年

図Ⅱ-14　都道府県別に見た社会保険加入状況

第4章　孤独死と自殺という悲劇

1　孤独死

高齢単身者の推移

高齢者が一人住まいをしていて、誰にも看取られずに死亡し、その後何日間、あるいは何ヶ月間を経てから死体が発見されることを高齢者の孤独死という。時には白骨化してから発見されるという悲惨なこともある。この数が年間三万人を超えていることが報道されるようになり、にわかに高齢単身者の孤独死が社会問題化したのは最近の出来事であった。

すべての高齢単身者が孤独死に至るとは言わないが、その候補者ないし予備軍は高齢で単身で住んでいる人であるから、これらの人がどの程度存在しているかをまず知っておこう。厚生労働省の『国民生活基礎調査』によると、二〇一一（平成二三）年で四七〇万人とされている。一〇年前の二〇〇一年が三一八万人だったのでかなり増加していることがわかる。今後を予想すれば増加は確実であるが、それよりも強調されるべきことは、女性の高齢単身者の方が男性のそれよりもはるかに多いことであり、女性がおよそ四分の三、男性がおよそ四分の一という比率である。

高齢単身者の問題とは女性の問題である、といっても過言ではない。

なぜ高齢単身者が増加したのか、例えば橘木（二〇一一）では詳しく論じているので、ここでは箇条書きでまとめておく。それは高齢者と成人した子どもとの同居数が激減したことで説明できる。その理由は次の通りである。

（1）子どもが勤務地を親の居住地とは別にしていることが多い。
（2）年金制度の充実によって親が子どもの経済支援なしで暮らせるようになった。
（3）自由主義、個人主義の進展により、家父長制度や大家族主義が弱くなった。
（4）家族の絆の低下が見られた。
（5）平均寿命の延びがあったので、高齢者の数の増加が目立った。

家族関係以外にも、そもそも家族をつくらない人（生涯未婚を続ける人）の増加と、結婚しても離婚する人の増加があるので、こういう人も高齢単身者の有力な構成員となっていることも記憶しておきたい。

高齢単身者のうち、では孤独死する高齢者が何％であるかを計算すると、わずかに〇・六四％に過ぎないので、比率からすると限りなくゼロに近く、無視してよい数字と映るかもしれない。しかしこれを放置することは正しくない。本来ならば発生がゼロであるべき事象であるし、それが発生したときは実に悲惨なことである。さらに、時には白骨死体が発見されればセンセーショナルなこととして人々に深い傷を負わせることにもなる。少ないからいいというのではなく、孤独死については、限りなくゼロに近い発生にすることが肝心である。

高齢単身者の不安

高齢単身者が他の年齢層における単身の人と比較して、不安感の高いことは容易に想像がつく。すなわち身体能力の低下があるので、すべての行動がスローになる可能性が高く、機敏にかつ安全に生活を送っていないという認識が強い。高齢になると罹患の確率は高まり、予測不能な急病(例えば脳梗塞や心臓病など)に襲われることがある。また、事故(交通事故や自身の転倒など)に遭遇する確率も高い。このような不安が高いのは高齢者に特有である。さらに、いざというときにすぐに助けてくれる人が身近にいないのであれば、この不安感を助長することにつながる。

これら身体上や生活上の不安は無視できないが、筆者自身は一人住まいによって誰とも話さないとか、家にいて何もすることがない、といった孤独からくる心の寂寥感や深刻な不安感が高齢単身者を悩ませていることを注視したい。

このことを証明する証拠が一つある。図Ⅱ―15によって、高齢単身者がどの程度他人と会話を交わしているかを、他の世帯と比較してみよう。高齢単身者が他の世帯(夫婦のみの世帯、その他世帯)よりもはるかに会話の頻度が少ないことがわかる。高齢単身者の場合、「二～三日に一回」以下の者が一番比率が高く、一週間に一回のみ、あるいは一回未満という比率もかなり存在している。他人と会話する時間がほとんどないのが男性で二八・九%、女性で二二%に達しているのである。これら単身者の寂寥感、孤独感、不安感の高いことは容易に想像がつく。

興味深いことは、男性の方が女性よりも会話の少ない人の比率がやや高いことだ。これは女性の方が人付き合いが良いし、社交的な性格を保有している特色から生じていると想像され、逆に男性は自分の殻に閉じこもりがちで、開放的にならない性格の持主の多いことの反映と思われる。

これに関して図Ⅱ—16は高齢者において、困ったときに頼れる人の割合を、他の世帯との比較で示したものである。一人暮らしの高齢者に頼れる人のいないと感じる比率が非常に高いことがわかる。ちなみに、他の世帯ではその比率が非常に低いので、家族と住んでいる人の安心感をここでも理解できる。さらに興味深いことは、単身高齢者において男性の方が女性よりも誰も頼れる人がいないと回答している比率が高いことである。ここでも前の図で述べたように男女間の性格の違いが同じように現れていると解釈できる。

高齢の単身者が一人で住んでいる場合、孤独を感じている人の多いことがわかったが、最大の不安は何かといえばやはり先に見た「孤独死」である。誰にも看取られずに一人で死んでいく姿を想像すれば、人生の最後で最大の不幸なわけで、このことが現実味を帯びているかどうかを確認しておこう。それは図Ⅱ—17によってわかる。

この図によると、高齢単身者の実に三一・三％が孤独死を非常に身近な問題と感じているし、まあまあ感じるという人を含めると実に六四・七％に達しているので、深刻な不安なり脅威と感じている人が多いことがわかる。とはいえ、およそ三分の一の高齢単身者はそれを感じていない。

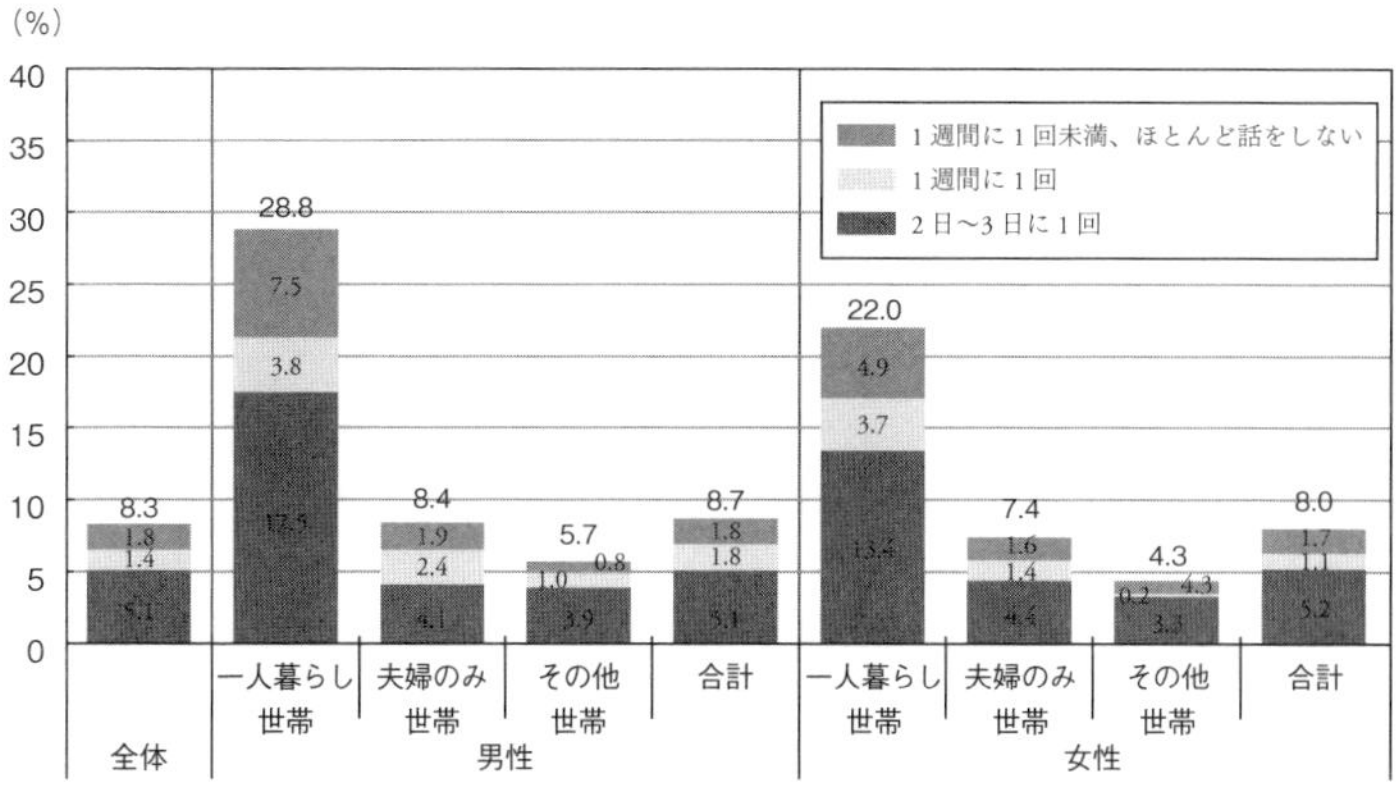

資料：内閣府「高齢者の経済生活に関する意識調査」(平成23年)
(注1)　対象は、全国60歳以上の男女
(注2)　上記以外の回答は「毎日」または「わからない」

図Ⅱ-15　高齢単身者の会話の頻度

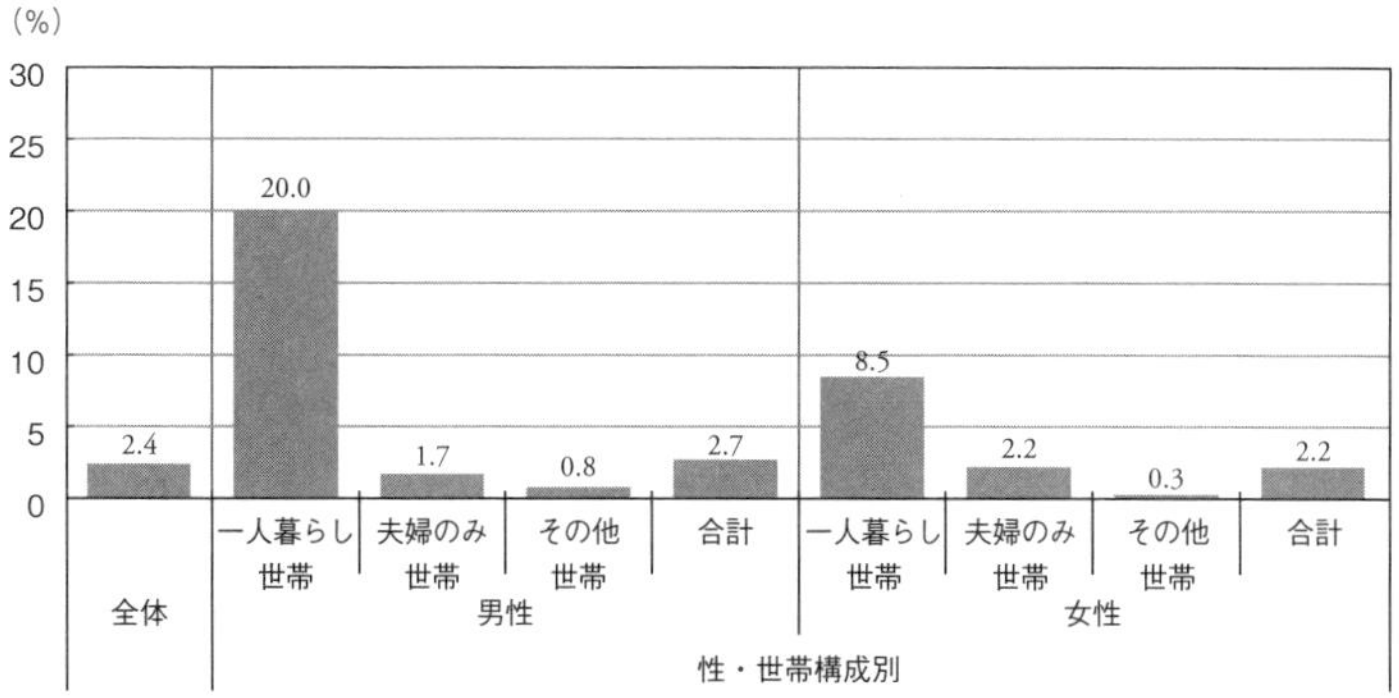

資料：内閣府「高齢者の経済生活に関する意識調査」(平成23年)
(注)　対象は、全国60歳以上の男女

図Ⅱ-16　困った時に頼れる人がいない人の割合

全員が不安を感じているのではないことも貴重な情報である。これらの人は、近所に親族が住んでいて頻繁に訪れてくれるとか、そうでなくとも訪問介護や通所介護、あるいは施設に入所していて、他人との接触機会が多いケースと想像できる。

やや不思議なことは、夫婦二人で住む高齢者の中にも孤独死を身近な問題と考えている人が、無視できぬ比率で存在することである。夫ないし妻が同居しておれば、配偶者の急変なり不慮の事故が起きたとしても、すぐに対応できると予想できる。ここで一つの解釈をすると、これらの高齢者はたとえ二人で住んでいても、子どもや他人との接触が少ないので日頃から孤独を感じている程度が高く、死亡するときもこの孤独感を背負いながら死ぬだろうと想像するので、孤独死を身近な問題とみなしているのではないだろうか。こういう高齢者では、誰にも看取られずに死ぬといった狭義の意味での孤独死とは異なるのである。

孤独死をなくすには

孤独死の数は少ないが発生すれば悲惨なことなので、このようなことが起きないような政策を考えることが大切である。筆者がもっとも効果のある策と考えるのは、成人した子どもが近居することにあると判断している。同居ができればそれにこしたことはないが、現代での家族のあり方や絆、そして住宅事情のことを考慮すると同居は無理な場合が多いので、近居という次善の策が望ましいと考える。もっとも同居のできるケースであれば、もちろん敢えてそれを否定するも

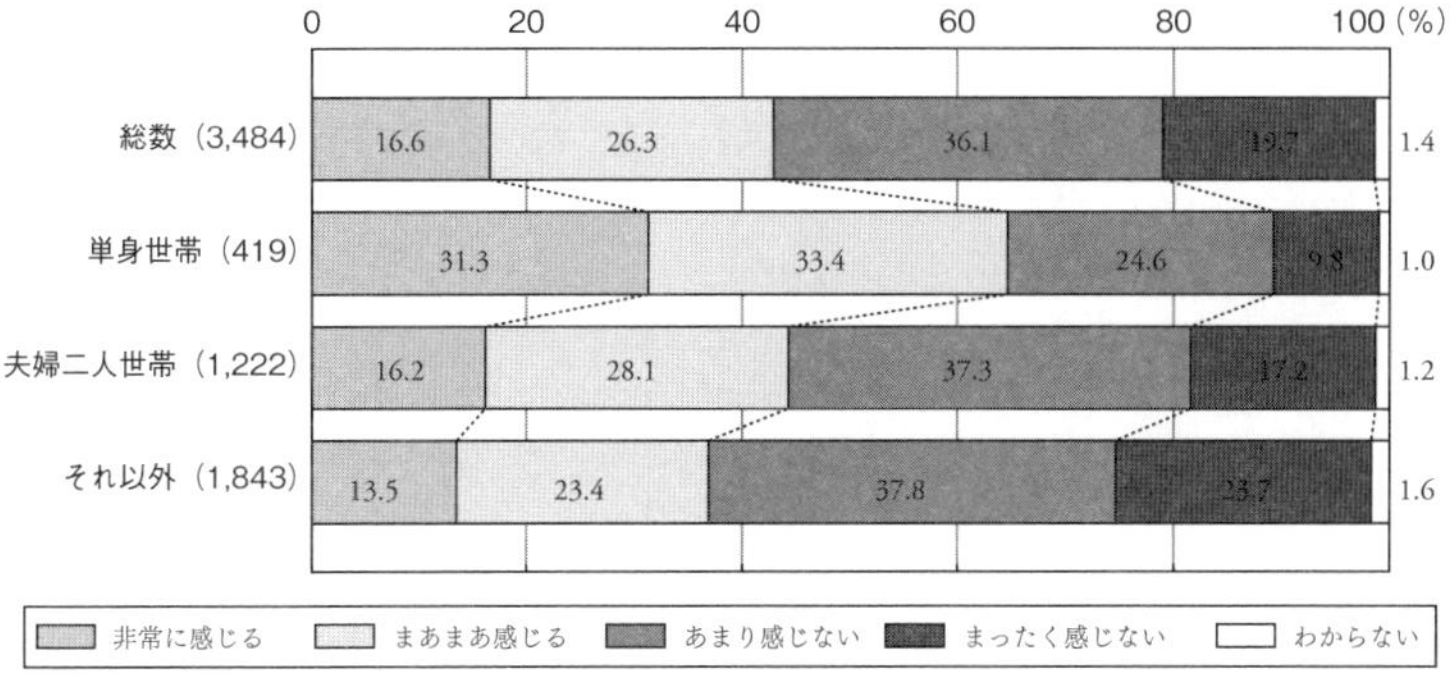

資料：内閣府「高齢者の地域におけるライフスタイルに関する調査」（平成 21 年）
（注） 対象は、全国 60 歳以上の男女
＊本調査における「孤独死」の定義は「誰にも看取られることなく亡くなったあとに発見される死」。

図Ⅱ－17　高齢者が孤独死＊を身近な問題と感じる割合

のではない。成人した子どもが住居を移すとなると仕事のことがあるのでそう容易ではないだろうから、老親の移動の方が問題は少ない。もっとも老親とて非常に遠い場所に住んでいるのなら移動が困難だし、本人も地元に残ることを希望するかもしれない。

近居が無理なら、あるいは独身を続けた高齢単身者は、要介護になったら訪問介護や通所介護を積極的に利用して、少なくとも一日に一度は誰かが高齢単身者と接触するとか、会話の機会を設けるような環境にするべきである。施設に入所できるならそれも有効な選択肢の一つである。

問題は要介護の認定がなされる前の、なんとか一人で生活できる高齢単身者のケースである。親族が遠くに住んでいるのであれば頻繁に訪れることは困難であり、できることは頻繁に電話を掛けることである。この方策は欧米ではかなり用いられていることであるし、孤独死を避ける有効な策であると報告されている。

しかし電話でも限界があるので、ここでは民生委員なりそれに類する人の活用に期待したい。近所に住む誰かが一日に一度は高齢単身者を訪問して、状態をチェックする体制をつくるのである。そして異常を発見したときはすぐに親族なり医療機関への連絡をするのである。

ここで主張したいことは、民生委員なりそれに類する人への金銭的な支払いを考えたいということである。民生委員というのは地域の名士が任命されて、半分名誉職だったので成り手がいないわけではなかった。今は皆が忙しい時代になっているし、人の世話に無関心な人が増加して、成り手が少ない状況にある。これを打開するには、民生委員なりそれに類する人に報酬を与えるという策に効果があると判断する。名誉と人の善意だけで動く世の中でなくなっているので、金銭的な支払いは成り手を増やすのに役立つのである。現在でも民生委員は完全なボランタリーではなく、必要経費への支払いはなされている時代とはなっているが、それを定期的な支払いにして額をもう少し増やす案である。

財源は地方政府の負担が自然である。定期的な支払いとなれば民生委員としてもその義務を果たすため、例えば高齢単身者の家を一日に一度は訪れるということはあってよい。もう一つ大切な仕事は貧困家庭の発見とその経済状況の把握であるが、本書の関心が高齢者なので民生委員の仕事に関しては高齢単身者のことだけを述べるにとどめる。

2　高齢自殺者の阻止

自殺の発生原因

自殺とは言うまでもなく自らの意思によって命を絶つ行動である。人間がこのような行動をとる要因を探求するのは、人間の心理や社会的な要因があると考えるのが自然なので、社会学や心理学からの接近が多かった。フランスの有名な社会学者エミール・デュルケム、英語名でダークハイム（一八九七）が自殺に関して最初に本格的な分析を始めてから、経済的な要因も取り上げられるようになった。なぜならば、経済生活の破綻によって自殺に追い込まれる事例が増加したからである。現代では自殺は、社会学、経済学、心理学、医学などの複合的な分析と提言がなされていると言ってよい。ここで自殺の包括的なことを議論するつもりはなく、自殺の要因を簡潔に紹介して、その後、高齢者の自殺行為について考えてみたい。

（1）所得：人は何がしかの所得、収入がないと生活できないことは自明なので、所得の低い人が自殺に追い込まれる確率の高いことは容易に想像がつく。本来ならば自殺をする人の自殺前の所得が把握できれば、信頼性の高い分析結果が得られるが、なかなかそういうデータがないのが難点である。そこで代理のアプローチとして、一つの国の中において一人当たりの所得の高い地域と低い地域を分析して、地域別の所得差が自殺率に与える効果を分析したり、国際比較では国別の一人当たりＧＤＰの違いが自殺率の違いに影響があるかを調べる例が多い。これらを総合すると、おおむね所得の高い地域や国ほど自殺率が低いという結果が得られている。

（2）経済破綻と負債：個人を考えると、失業して無収入になったとか、事業や商売に失敗して多額の負債を抱え込んだことにより、自殺をするということは当然にありうる。ここで興味深いことは、男性の方が経済破綻を深刻に受けとめるので、女性よりも男性において経済破綻や負債・破産によって自殺に追い込まれる確率は高い。

（3）社会的な要因：人間は自分の属している社会や環境の影響を受けるのであるから、社会的な要因が影響を持つ。これはデュルケム（一八九七）があきらかにしたことである。自己本位的な人が他人との関係が悪くなったり、社会に対する強い帰属意識や責任感の強い人がそれを失ったり、個人の欲求が満たされなかったりしたとき、それぞれが自殺の道を選択する可能性が高くなると考えられる。例えば、自分が病気になって将来に希望が持てなくなったとき、家族が重大な病気や要介護になったとき、失恋や離婚をすることがあったとき、あるいは入学試験の失敗、会社経営に失敗したとき、職場や学校で人間関係が極端に悪くなったとき、学校に通う若い人であればいじめに遭うときなど、あらゆる人間の社会での活動がうまく行かなかったとき、自殺する人のいることは容易に予想がつく。ところが予想に反する行動をする人もいる。例えば離婚は不孝なことなので自殺する人がいるのではないかと想像できるが、逆に離婚によって嫌いな人と住むことがなくなってむしろその人は幸せを感じて、自殺をしないこともありうる。もっとも多くの研究例は離婚率と自殺率に正の関係を主張している。

高齢者に注目すれば、本人の健康ということが特に重要な変数になるであろう、ということには異論はないであろう。でもここで留意しておくべきことは、高齢者においても自分の意思をはっきり確定できる人と、その意思決定ができなくなった人（例えば重度の認知症の人）とでは、自殺をするかどうかに違いが生じる。これは後に示すように、高齢者においては六〇歳代の人と七〇歳代の人の間では自殺率が異なることでわかる。すなわち、後者の人では当然のことながら重病にかかる人の割合は高く、一方で認知症になる人もいる。結果として自殺の意志決定ができないので自殺率の低くなる可能性がある。

以上が人を自殺に追い込む要因の要約であるが、一つだけ記憶しておきたいことがある。それは自殺には自殺未遂という事象のあることだ。自殺の意思を固めてから、薬物投入、首つり、拳銃自殺、交通機関への飛び込み、など様々な手段があるが、それに成功しない人もいる。ここで要約したことは主として自殺した人だけに関することであり、本来ならば自殺未遂の人も標本に入れてよい。しかし、そうしたデータはあまりないのが現状だ。

日本における高齢者の自殺

日本での自殺者数は年度あたり三万人を超える水準なので、かなり高い数にあると認識できる。年齢別に注目すると、図II—17が示すように、もっとも数の多いのは六〇～六九歳代の五五〇〇人前後であり、次いで五〇～五九歳、四〇～四九歳と続く。七〇歳以上となるとその数がかなり低下する。それでも高齢者を六〇歳以上とみなすと、高齢者の自殺率がかなり高いことがわかるので、我が国の高齢者は高い自殺率の中にいると判断してよい。

張・中原（二〇一二）では日本人の自殺の原因・動機として次が重要である、としている。すなわち、健康問題が六四・七％ともっとも高く、次いで経済・生活問題が二八・四％、家庭問題が二〇・一％となっている。これに勤務問題が一一・九％と続くが、これは高齢者とさほど関係ないので本書では度外視する。

六〇歳以上の高齢者に限定すると、前掲論文によれば六〇・八％が健康問題である。具体的には、病気、身体障害、老衰苦、身体的劣等感、精神疾患などが列挙されている。具体的な健康上の理由については後述するとして、日本人全体だと最大要因が六四・七％の健康問題であったが、高齢者の場合にはそれよりかは少し低い六〇・八％ということに関心が移る。この差を語る背後には次の事情があると想像できる。すなわち、若年や中年層が重大な病気にかかることはそう予想していないだけに、もしそれが自分に降りかかってきたら大変なショックなことと思い、自殺に走ってしまう確率が高くなる。一方で高齢者は年齢が年齢だけに、重大な病気にかかることはありえると予想しているので、ショックの程度が若年・中年より小さい可能性がある。これが健康問題が自殺の要因として、年齢別では差が生じた理由と考えられる。

張・中原（二〇一二）によると、高齢者の健康問題による自殺要因としてもっとも深刻なのは精神疾患とされ、実に高齢自殺者の六五％がうつ病から発生している、とされる。うつ病をどう治療するかということは大切なことではあるが、うつ病・うつ状態をどう発見するかが高齢者にとっては重要な課題とされている。うつ病にどう対処すればよいのか、といったことは経済学者が答えられることではないので、これ以上述べない。

むしろ筆者が関心を持ったのは次のことである大塚・酒井など（二〇〇六）によると、高齢者の自殺の心理社会的特色として、①衰えによる身体的不調や身体疾患への罹患、②死別や離職などのさまざまな喪失体験、③個人的悩み、④家族と同居していながら相談できない、⑤サポートが少ない、⑥孤独な状況、などが挙げられていることにある。

これらの特徴を知るにつけ、前に述べた高齢単身者が孤独死に至る前の事情と似ていることに気が付く。すなわち、肉体的・身体的な衰えから不安感と寂寥感、そしてまわりからの支援のない孤独感などがあったが、これらは高齢者の自殺における心理社会的要因と同次元にあると解釈できる。高齢者の自殺防止と孤独死を防ぐ手段としては、かなりの程度重なった政策が考えられそうである。

高齢自殺者の予防措置としては、自殺願望があるのかどうかを専門家がヒアリングから見極めて、もしそれがあるとわかれば、監視の体制を整える必要がある、これは高齢単身者の孤独死を防ぐために、誰かが監視する必要性のあることと共通している。特に一度自殺を試みた未遂者については特別な監視が必要とされる。自殺行為の再発は結構見られることだからである。

老老格差と自殺との関係を要約すれば、格差の下にいる高齢者が誰との会話もないとか、静寂感に苦しんで、自殺に追い込まれるということがある。もとより格差とは関係なしに、高齢者は重い病気にかかることがあって、高所得者であっても健康上のことから自殺する人もいる。対策としてはまわりが自殺をしないような雰囲気づくりと、ある程度の監視も必要となる。

第Ⅱ部においては次のようなことがわかった。高齢者間に健康格差なり医療格差の存在しうること、要介護になったときに介護の支援を受けられる程度においても格差が存在している。その格差発生の原因の一つに、高齢者間にみられる年金給付額の格差がある。年金給付額は引退する前にどういう働き方をしていたのか、端的に言えばどの職業でどれだけ稼いでいたかに依存するので、是正のためにはその時代に存在していた格差の是正から必要なのである。

次に、こうした状況を解決するにはどうしたらいいか考えてみたい。

第Ⅲ部　老老格差を是正するために

第1章　本書で分かったことと政策論議

日本は格差社会に入ったということに大方の合意があるが、本書ではそれを高齢者に特化して高齢者間に格差の存在があることを検証した。それを老老格差という名称で代表させるが、実は老老格差を分析すると、その実態が非高齢者の人々の間における格差の実態と異なることに配慮する必要がある。それらを具体的に述べると次のようになる。

第一に、分野によっては高齢者間の格差は非高齢者の人々と比較して、より深刻な分野とそうでない分野のあることを認識する必要がある。例えば所得や資産の格差は高齢者でない人々と比較すると、高齢者間ではより格差の大きいことが明らかである。非常に高い所得・資産に恵まれた高齢者のいる一方で、非常に低い所得・資産しかない高齢者がかなり多く存在していて、その格差の大きさは深刻である。

第二に、非高齢者にとって深刻な格差は働いて稼いだ賃金や所得のことであるが、引退した高齢者にとっての所得は年金がその主たる源泉なので、どのように年金額が決定されるかがむしろ重要となる。一つにはこれまで述べてきたように保険料の額による差であるが、年金額の決定方式にも影響を受ける。国民年金は定額の保険料と給付額なので大きな問題はそうないが、厚生年金・共済年金の場合には比例方式に依存する程度が高いので、どのような算定式が用いられるかが鍵となる。

特に高齢者にとって深刻なことは、少子・高齢化時代に入った日本において年金の財政状況が悪化することは確実なので、年金財政安定化のために給付額を削減されることである。現にここ何年間かは物価下降に対応するという名目に加えて、何度か給付額の削減策が導入されてきた。筆者は給付額の削減は高齢者の生活を脅かすことになるので、避けるべきと考える。その具体的策については後に述べる。

第三に、第一と第二で述べたことを再述すれば、高齢者の経済格差、あるいは老老格差を生む最大の要因は、高齢になる前にどのような働き方、あるいは生活をしていたかが重要なのである。すなわちどれだけ教育を受けるかに始まって、どういう職業でどこで働くかが賃金や所得を決め、消費・貯蓄で代表されるような生活のあり方などが高齢者の年金で代表される所得、そして何よりも重要なのは資産の額を決めるのである。さらに強調すべきことは、親の世代からどれだけの額の遺産を受領するのか、あるいはしないかも決定的な影響力がある。

第四に、高齢者の生活に影響を与えるものとして家族との関係が重要である。一昔前に普通であった三世代住居は激減して、大半が親世代だけが独立に住んでいる時代である。夫婦ともに健康であれば問題は少ないが、どちらかが死亡して高齢単身者になったとき、生活苦、看護、介護、一人暮らしの寂しさなどで、困難が一挙に押し寄せる。家族のことに関する詳細は本文で述べたのでくりかえさない。ここでは老老格差を論じるときは家族が重要な一つの柱である、ということを改めて確認しておく。

第五に、では家族の絆が弱まったとき、だれがその代替をするかという課題である。これには選択肢が二つある。一つはアメリカに代表されるように、自助・自立の精神を重宝する方法で、家族や政府に福祉を頼らない策である。もう一つはヨーロッパに代表されるように、国家や地方政府による様々な福祉を提供する策である。年金、医療、介護など種々の社会保障制度を企画・運営するのは政府であり、その大きな役割に期待するし実践もする福祉国家ということだ。筆者個人は後者の福祉国家を好みとするが、日本では「日本の伝統として家族の美風を戻せ」という声はあるし、「アメリカ流の自立主義を好む」人が多くて、なかなかヨーロッパ流の福祉国家論は根付かない。

第六に、家族の絆に関して。日本において家族の絆の復活を期待する声はかなり強い。高齢者問題の相当な分が家族の絆によって、解決されることは事実である。しかも無償ということも魅力の一つである。これは介護が家族にあたることを考えれば一番わかりやすい。政治の世界においても、例えば自民党の一部の政治家の中には、憲法を改定してまでも「家族は助け合うべき」との条項を導入すべきだという意見がある。筆者はこの主張には無理があると判断している。お上《かみ》が「なんじ家族を大切にせよ」と掛け声をかけても、日本人の間において個人主義を好む人が増加しているので、憲法でもってそれを阻止しようとしても、皇帝による絶対的な命令でない限り、それは無理である。そう判断する根拠はいくらでもある。三世代住居の激減、離婚率の高まりや結婚しない人の増加、好きなように生きることを希望して老後も一人で住むことをあえて希望する人の増加、家族間のトラブルの激増、などが代表例である。

もっともここで述べた記述には留保も必要である。確かに家族の絆の弱まったことは事実であるが、家族間の愛情はまだ残っている人が多数いて、以前ほどの濃密さではないが、家族間で助け合う精神を持ちながら現に助け合う人はまだ多数派である。とはいえそれに頼りすぎると家族が疲弊してしまう時代になっていることも現実だ。例えば親の介護のために仕事をやめることを避けるために、公的部門なり民間での第三者からの支援の必要度は高まっている。

第七は、そうした家族の担っていた機能の代替に関して。筆者はその代替者の代表は公的部門だと思う。まさに福祉国家こそが必要だということだ。例えば年金、医療、介護保険制度の充実はもとより、特別養護老人ホームの増設、公認保育施設の増加が必要である。そしてそういう施設で働く人の賃金などの処遇をもっとよくしないと、それらに従事する人の不足が予想される。ごく最近に介護報酬の値下げ案が導入されたが、これは介護に従事する人の賃金を下げる方向に作用するので、介護にあたる人の確保のためには、むしろ逆の策が必要と判断される。

ここで述べた政策をまとめれば、国家が社会保障支出の額をもっと増加させる必要がある、ということになる。そのために国民は税金や社会保険料の負担をこれまで以上に容認せねばならない。例えばヨーロッパの消費税率はほとんどの国で二〇〜二五％に達しているのに、日本ではようやく二〇一七年から一〇％に上げられることになっているにすぎない。それもやや不確実な情勢にある。

なぜ日本では指導者層を含めて国民の間で負担の増加を嫌っているのだろうか。国民の側からすると、たとえ税金や社会保険料の負担増加があったとしても、その利益が国民に還元される割合は低いと認識している。ムダな公共投資に使われるだろうし、潤うのは政治家と官僚だけという疑いを持っている。まとめれば政治の世界への不信感である。

財界や自民党の政治家という指導層からは、税金や社会保険料の負担が増加すると、国民の勤労意欲が阻害されるし、企業の投資意欲や企業の活力にとってマイナスになるということを理由にして、福祉国家への根強い反対論がある。これに対する反論は最近のアトキンソン（二〇一五）に詳しいし、筆者の反論は橘木（二〇〇六、二〇一六）に譲るとして、一言だけ述べれば、福祉制度は経済効率を優先する論者からすると、スケープ・ゴード（生けにえ）にされることが多いということになる。確かに福祉を充実すると、人々の中で怠惰になる人もいれば、勤労意欲や貯蓄・投資にマイナス効果を与えることもあるが、運用をうまくすれば経済効率を阻害しないことがありうる。

その代表例は、デンマーク、スウェーデン、フィンランドなどの北欧諸国である。確かに税や社会保険料の国民負担率は高くて高福祉・高負担の国々であるが、国民の所得分配の平等性は高いにもかかわらず、経済成長率の高い経済効率性の高さを誇っているのが北欧諸国なのである。

一般論として経済効率性と分配の平等性（あるいは公平性と称してよい）はトレード・オフの関係にあると経済学は考えるので、経済効率を優先する人からすると分配の平等性を重視する福祉国家は嫌われる。しかし北欧諸国は国民と企業の双方において競争重視が貫徹されているし、福祉にタダ乗りする人を排除する姿勢が強いので、効率性と平等性を同時に保持しているのである。

そういえば日本の一九五〇年代後半から七〇年代の初頭にかけての高度成長期は、効率性と平等性の両方を満たしていたので、世界に誇ってもよい稀有な時代であった。再び双方を満たす政策を求めるのは可能である。もっとも高度成長期の時代は国民のほぼ全員が貧乏から脱却したいという熱望があったため、皆が強い勤労意欲に燃えていたのであり、現代のようにそれのない時代での政策という新しい発想が必要である。これについては後に論じる。

第2章　老老格差を是正する政策

老老格差が縮小する政策には、短期ですぐにできる政策と、制度の変更を伴うので長期の視点で行う政策の二つがある。ここではそれら二つを別個に議論する。

短期の政策提言

貧困に苦しんでいる高齢者を経済的に支援する緊急度は高いので、それらの人への所得保障は重要なことである。年金保険料支払いが少なかったことにより、年金給付額の低い人に対して今から保険料アップ策を施して給付額を上げることは不可能である。その代替策として低年金給付の高齢者に現金を支払う案があってよい。そのためには生活保護制度への申告が必要であり、自己でそれのできない高齢者がいるので、生活保護制度の恩恵から外れることの多い高齢者に外部から支援して、申告を行って給付を確実に行えるようにすることは非常に重要だ。

ただしここで重要なことは、通常の生活保護制度に立脚して生活保護支給額を算定するのではなく、高齢者にとって必要な生活資金を独自に算定することである。必要な生活資金の額は高齢者の方が他の年代の人より少なくてすむからである。いわば高齢者用の生活保護制度を短期的に創設する発想であると解釈してよい。ただし制度を新しく創るのではなく、高齢者にとって必要な生活資金はいくらか、ということを正確に再試算するのでよい。それと重要なことは、あたりまえだが真に生活に困っている高齢者だけに給付する必要があり、支援の必要のない高齢者にまで給付する必要はまったくないということだ。そうでないと国民の支持を得られない。

高齢者にとってもっとも不安なことは、病気になったときや要介護になったときなので、これらに関しては別途医療保険や介護保険制度で考慮すればよい。

もう一つの方法は、安倍内閣が二〇一六年度に実施する低年金給付者（すなわち住民税を払っていない人）に一律三万円を一時的に支給する案を、一時ではなく恒久にする案である。保守政治家・安倍晋三が思いもよらぬ政策を導入したが、この案は自民党内部からも民主党（現・民進党）からも選挙を意識した「バラマキ政策」として批判の声が強かった。一時的な臨時の給付だけで終了するならこの批判は妥当であるが、これは低所得の高齢者を経済的に救済する手段として、恒久的に考えてよい案である。そのときに高齢者の中には資産をかなり保有している人がいるので、そういう人にまで給付金を支払うことのないような手立てが必要である。非常に深刻な低年金、あるいはゼロ年金の人には、ベーシック・インカム的な発想を採用して、もう少し増額があってよい。この時にも高齢者の所得を正確に把握する前提が必要である。

高齢者に限定すれば、介護保険制度が十分に行き渡っていないとか、介護の認定がやや厳しくなったとか、特別養護老人ホームでの空室の慢性的不足、介護にあたる人材の不足、といった問題が指摘されるが、これらを充足させるためには支出増を必要とする。つまりがその財源の調達を確実にせねばならない。年金、医療の充実、そして既に述べた一時金の支給を恒久化するには財源の必要なことは言うまでもない。

そのためにさらなる消費税率のアップは避けられないが、所得税収入のアップも同時に必要である。それもピケティ（二〇一四）がいみじくも主張したように、平均所得税率のアップのみならず、所得税率の累進度の強化によってなされるべきである。わが国の所得税率はお金持ちからの不平・不満に応じるように、高所得者への税率を下げるという累進度の低下策を取り続けてきた。例を挙げれば、最高所得階級者への税率は七〇～八〇％にも達していたのに、今ではそれが半分の四〇％にまで下げられている。これに関して詳しいことは橘木（二〇一六）を参照されたい。以前のような水準に戻れとまでは主張しないが、例えば最高所得階級には六〇％程度にまで上げるような累進性の強化策はあってよい。格差社会が深刻になりつつある日本においても、所得税による再分配政策の強化は必要である。

実はお金持ちは預貯金、株式、債券などの金融資産を多額に保有していて、利子・配当にかかる税金の額は分離課税を選択すると二〇％の税率ですむ。それをシャウプ税制の本質に戻るように総合課税にすることが望ましい。シャウプ税制とは、戦後のＧＨＱによる日本の諸制度の改革の中で、税制度の改革をさしたものである。総合所得課税の原則、累進度の高い所得税制を、アメリカの財政学者、カール・シャウプが中心になって導入した。

源泉分離を容認するのなら、ドイツの二六・四％、フランスの三〇・一％などと比較するとまだ税率が低い。アメリカやイギリスは総合課税なので税率は一般に高くなる。日本は金融資産保有から生じる利子や配当の所得への税率は低いので高くすることがあってよい。ピケティ（二〇一四）は欧米諸国に関しては現状よりも高い資産課税を主張している。

以上、税制改革を中心にして短期の政策を主張した。これらの政策は高齢者の低所得による生活の苦しさを和らげ、医療や介護の充実を図るために財源を調達する手段として機能するが、日本全体における所得と資産の格差を縮小するためにも役立つことを付言しておきたい。

長期の政策提言

次に長期にわたる政策に関することを述べたい。これは、本書の重要な主張の一つであるが、老老格差の存在は、元をただせば高齢になる前の現役で働いたり生活していたことの結果の延長が出現したものである、ということをふまえた政策となる。すなわち現役で働いていたときに起きていたこと、すなわち引退する前に発生していた格差が、高齢者になってもその格差が引き継がれているのであるし、それが増幅されている面がある。それを根本的に解決しなければならない。

現役という四〇年以上にもわたる時代の格差を是正するための政策なら、短期でできる政策もあるが、どうしても長期の視点が必要となる。なぜならば、年金、医療、介護といった社会保障制度の改革は短期で行うとむしろ危険であるし、人々に納得してもらうには長期の効果を見通す必要があるからである。さらに人々が賃金や所得をどれだけ受領するかといった労使関係や金融制度に関する改革も、長期の視点を要するからである。

まず社会保障制度から始めよう。もっとも強調したい点は、年金や医療における制度の乱立をやめて、国民全員が一つの公的年金、医療保険に加入できるように制度の統合を計ることである。介護保険は唯一の制度しかないので、その必要性はない。既に述べたことであるが、年金制度には民間企業に勤める人のための厚生年金、公務員共済、そして自営業や無業の人のための国民年金がある。医療保険制度は厚生年金に対応したものが大企業と中小企業に区分されて、それぞれが組合健保、協会けんぽの二種類であるし、公務員共済、自営業と無業の人用に国民健保がある。これに加えて船員用というのもある。なお公務員共済は民間企業用と合併の途中にある。

なぜこれほどの制度の乱立があるかといえば、戦前においては人々の職業や企業規模の違いに応じて、官庁や企業が独自の社会保険制度を創設して運営してきたという歴史的な経緯があるからである。それが現代まで続いているのである。なお付言すれば、自営業や無業の人への年金や医療の保険制度は、基本的には戦後になって創設されたのであり、これまでのように雇用者のみの社会保険制度ではなく、すべての国民が参加する国民年金や国民健保で代表される保険制度は、一九七〇年代に入ってようやく完成されたのである。

もっとも国民皆年金制度を誇る日本ではあるが、雇用者の加入する厚生年金、あるいは組合健保や協会けんぽの医療保険では、労働時間の短い人は未だにまだそれらに加入できないのであり、仕方なく国民年金や国民健保に加入しているのであるから、完璧な意味での皆保険制度であるとは言い難い。

なぜ制度の統合をして国民の全員が唯一の年金や医療保険に加入する制度が望ましいかといえば、職業などで差別化された個々の制度であれば、これまで見たように年金や医療の保険料と給付額にかなりの格差の生じることが避けられないからである。国民が唯一の普遍的な制度に全員加入できるようにすれば、国民の間で保険料と給付額に大きな差の生じない制度にすることは可能である。

換言すれば、制度が乱立していれば普遍主義ではなく、応能主義あるいは選別主義による保険料と給付額に格差のある制度になることを排除できないが、普遍主義であれば応能・選別主義ではなく、定額保険料と定額給付額の制度に持っていける可能性が高くなるからである。そうすると国民全員がほぼ同じ水準のサービスを社会保障制度から受けることができるようになる。本書で見たように日本の年金制度には保険料と給付額に関して人々の間にかなりの格差のあることが示されたが、普遍主義による定額保険料・定額給付方式に近づければ、それほど大きな格差のない年金制度にできるのである。

普遍主義に忠実な社会保障制度にするには、年金制度の章で述べたように制度の財政運営方式を保険料方式から税方式に変更することによって達成しうるのである。年金の章では消費税率一五％による税収を充てて、月額一七万円の基礎年金を国民全員に支給する案を一つの例として示したが、本章ではもっと長期にわたる改革案を論じているので、必ずしも消費税率一五％や月額一七万円の給付額にはこだわらない。非常に長い時間をかけて政府、企業、そして国民が討論を重ねて制度の改革を行えばよい。

さほど語られないことであるが、北欧型福祉国家の代表であるスウェーデンとデンマークは、実は社会保障制度の財政運営方式は異なっている。すなわちスウェーデンは社会保険料方式であるのに対して、デンマークは税方式の国なのである。筆者の好みはすべての国民にあまり格差のない福祉サービスを提供することが可能な普遍主義に基づく税方式なので、スウェーデン方式ではなく、デンマーク方式に近づけることにある。日本の財政運営方式は保険料と税収をミックスさせた折衷方式なので、徐々にデンマークの税方式に近づける策ということになる。繰り返すが、変更によって影響を受ける人が多いので、そうするには長い時間をかけて制度の変更を行う必要がある。

本書の一つの貢献は、高齢者の間における老老格差の発生原因の重要な理由の一つとして、現役で労働していた時の賃金・所得格差の存在に求めたことにあるので、現役時における格差是正策についても一言述べておく必要がある。これも当然のことながら、長期の視点による改革となる。

ここではそれを最小限にとどめて二つだけ主張しておきたい。第一は、賃金支払いの原則として同一価値労働・同一賃金制の徹底である。日本は正規労働者と非正規労働者の間にある身分上の差による報酬差がかなり大きい国である。同じ仕事をしているなら時間あたり賃金を同一にせよ、というのがこの原則である。総賃金支払い額の差は労働時間の違いから生じる差だけにするのである。日本人の労働者のうちパート、アルバイト、契約、派遣といった非正規労働者の比率が全労働者のほぼ四〇％を占める国になっている。時間をかけてこの原則にしていく政策が必要である。

第二は、最低賃金額の大幅アップ策である。ここ数年民主党政権も自民党政権も最低賃金のアップには前向きの姿勢なので、好ましい状況にあるといってよいが、経営側の理解がまだ進んでいないので、まだ十分に上げられていない。ヨーロッパ諸国は時間あたり一二〇〇円前後に達している国が多いので、ようやく八〇〇円に達した日本においてもヨーロッパ並に上げる必要がある。このことが労働者の低賃金問題を解決するのに有効な策であることは言を要しない。

では具体的にどのようにして同一価値労働・同一賃金の原則、最低賃金額の大幅アップ策を導入できるかについては、本書の範囲を超えるので橘木（二〇一六）による具体的な提案を参照されたい。

第3章　世代間格差、世代間抗争にどう対処したらよいか

世代間対立

かなりの数の高齢者が低所得、そして低医療や低介護の現状に苦しんでいることがわかったが、それらの人を支援するためにはかなりの額の財政資金が必要である。例えば低年金受給者に一時金、あるいは半永久的にたとえ低額であっても、高齢者用独自の生活保護制度に似た給付をすれば、かなりの額の税収アップによる資金が必要になることは言を要しない。

高齢者を支援しようとして年金制度、医療保険制度、介護保険制度の枠内で給付額を増加させようとすれば、これらの保険料を支払っている人の保険料額をアップさせなければならない。これら保険料を負担している人は若年や中年で現役として働いている人なので、保険料のアップ策はこれらのひとの経済生活をあっぱくすることになり、そう簡単に保険料を上げられないことも事実である。特に現在のように少子高齢化がますます進行することが予想される下では、保険制度自体の崩壊すらありうるので、払い損になることがありうるような現役で働く人が保険料のアップに否定的になることは自然である。

ここで述べておきたいことを一言でまとめれば、高年齢層と若年・中年層の間の世代間対立と

理解してよい。高年齢層は生活が苦しくなりつつあるので、政府からのいろいろな形での経済支援を望む一方で、若年・中年齢層は低成長下で自分達の賃金や所得の上がらないところに、さらなる税金や社会保険料の負担増を好まないのである。両者ともにもっともな主張をしているのだ。そしてもっとも厄介なことは、人口の年齢構成が少子・高齢化の中にいるので、高年齢者の数が増加しているところに現役の若年・中年齢者の数が減少しており、その財政需要と財政供給はますますアンバランスになりつつあるということである。

これらの現象を生んだ要因はどこにあるのだろうか。考えられるいくつかの要因を列挙してみよう。（1）少子・高齢化が進んでいること、（2）経済成長率が低下したこと、（3）低金利下にあって年金をはじめ各種の資産における運用が期待通りに進んでいないこと、（4）政府によるこれらの現象への対応が遅れたので、政策が後手に回っている感が強い、（5）そもそも日本では福祉の提供は家族内でなされていたので、政府への期待も低かったのであるが、ここに至って家族の絆の低下現象が見られることに対して国民全般がどう対処していいのか、国民と政府が決定を先延ばしにしてきた、（6）国民の間で給付というサービスは喜んで受けるが、負担という拠出に対しては拒否反応があり、政府自体がそれにうまく対応できていない。これらの要因が考えられる。

人口の年齢構成の変化は国民が低出生率を選択した結果のことなので、いかに子どもを育てる環境が社会の中に整っていないとしても、国民全員でその責を負わねばならない。経済成長率の低下は少子化による労働力不足と家計消費の減少という直接効果に加えて、日本が成熟国家になったことなどがあって、これも半分は国民側の責任である。政府の対応の貧困さをいろいろ列挙したが、日本人には「お上まかせ」の姿勢があって国民からいろいろ要求したり監視することを怠ってきたのであり、国民にも責任の一端がある。とはいえ、政府が機敏で有効な政策をとらなかったことの責任は逃れられない。しかしそういう政府を選んだのは国民である、という声にも強い反論はできない。

こう述べてくると、世代間対立を生んだ要因のうち、かなりの割合で国民自らが選択したことによる結果であると解釈できるので、もし世代ごとに不満があるのならその責任のかなりの割合を国民全体で負う必要があると言える。これに対して高齢者はこう答えるかもしれない。第一に、自分達が若い頃と中年の頃はそれはそれは一生懸命働いて日本経済を強くしてきたのであり、その利益を生活水準が高くなった現代の若年・中年層が享受しているのであるから、若年・中年層は高年齢層に感謝の念を持っていいのではないか。もし感謝の念があるのなら、今の高齢者にそのお礼の意味で助ける気持ちを持って、必要な税や社会保険料の負担に応じていいのではないか。こういう高齢者の声が聞こえてくる。

第二に、高齢者が若い頃、あるいは中年になってからも、賃金や所得はそれほど高くなかったので、支払う税額や保険料額もそれほど高くなかった。すなわち負担額としてはそう多くなかったが、その後の経済成長の高さもあって国民の平均所得が高くなり、高齢者への年金、医療などの社会保険料給付額もそれに応じて高くなってしまった。絶対額として低い負担額であったことは事実であったが、その時代の経済力、すなわち負担能力に合致した額を拠出していたと理解できるので、低負担のことは我々に責任はない。こういう高齢者のもう一つの声も聞こえてくる。

これら高高齢者の声に対して、現在の若年・中年層からは次のような反論が聞こえてくる。確かに現在の高年齢者が現役の頃は彼らにとっては当時の経済の実力に応じた最大の税と社会保険料の負担をしていただろうが、自分たち若年・中年層が現在の高齢層の高い年金・医療給付の不足する財源までを補てんするのは納得がいかない。自分達が将来に引退する頃は少子高齢化がますます進んで、引退後の年金や医療の給付額は大きく削減されるかもしれないし、最悪の場合には、年金、医療、介護などの制度自体が財源不足で破綻しているかもしれない。そういう予想を若年・中年層がするなら、年金や医療保険料を払うことをやめる人が出てきても不思議はない。現に国民年金制度における高い保険料の未納率はそのことを物語っているのである。

第二に、政府の行う社会保険制度の運営は場当たり的なところが多く、まったく信頼できないので、自分の人生を政府に託するのはリスクが大きいとみなす人が、若年・中年層の中に少なからずいる。そういう人は自分の人生は自分で決めるとして、自らが貯蓄をして将来の生活に備える行動をとる。こういう人は、政府による年金・医療・介護などの諸制度に加入しないのである。言わば自立に生きる人である。そういう選択もありうるのではないか。

ここまで述べてきた高齢層と若年・中年層が世代間対立を生む要因となったそれぞれの主張は、

基本的には反論がむずかしい。かなり真っ当な理由である。しかしこれら全部をそのまま認めてしまうと、世代間対立を解消する政策は、後に述べる筆者の一つの案を除いて浮上してこない。そこでここでは国民全員に対して、個人の希望をとことん主張する利己主義の思想に固執するのではなく、他人のことも配慮しながら他人の利益をも尊重する利他主義の思想にもう少しなびいてほしい気がする。この穏健な連帯思想が国民にあって、自己の利益を少しだけでも他人に譲る気があれば、世代間対立のいくらかは解消する。そうすることによって生活に苦しむ人、あるいは高齢者の数は減少して、社会も少しは住みやすくなる。

最後に述べた、政府への信頼性がない、という若年・中年層の不平に対してコメントを付言しておこう。確かに日本のこれまでの政府は国民にとって満足させうるような政治や政策を行ってこなかった。経済を強くすることが第一の目標だったので経済成長のため、あるいは経済効率のために、政策を形成する方針だったからである。

しかし世界、特に先進国においては人々の幸福、あるいは福祉をどうするかが重要な問題と認識される時代となった。特にヨーロッパの一部の国、特に北欧や中欧諸国においては、人が経済的に苦労せずに生きていける状態を政府が保障する姿を重視するようになっている。一言で要約すれば、福祉国家への道を選択した国も存在するのである。一方でアメリカ国民のように誰にも頼らずに、すなわち政府の力を借りずに自立の道を好む姿もある。

筆者の個人的な好みはヨーロッパ流の福祉国家であるが、日本人の中にはそれに賛同する人もかなりいる。例えば、「福祉が国民にしっかり還元されるなら、税や保険料の負担増を受け入れる」との声は主流となっているが、今の政府のやっていることには信頼できないと判断して、国民は福祉として還元される保障がないと判断して、負担増を嫌っているのである。

民主党が政権を担当していたとき、「コンクリートから人へ」という標語があったが、福祉国家になることが国民の願いだったかもしれない。しかし民主党政治のふがいなさによって、その願いは崩壊してしまい、政権は自民党のもとに戻った。私たちは再び経済効率を優先する政治の中にいる。経済効率性と公平性（平等性）はトレード・オフ関係にあるとされるが、ヨーロッパとアメリカの人々はそれをうまく見極めて、その時にふさわしい政党を選択してきた歴史がある。これら政治に関する詳しいことは橘木（二〇一六）を参照していただきたい。日本国民も成熟して、いい政治を行う政治家を選択する時代になってほしい。

消費税を主たる財源にする社会保障制度

筆者の一つの案があると前項で述べたので、それをここで披露しておこう。世代間対立を生む一つの理由として、年金、医療、介護などの給付の財源を保険料方式に頼っていることがある。保険料方式だと、保険料を支払う世代と保険給付を受領する世代の間で人口数にアンバランスがあると、保険財政のうまく進まないことは明らかである。日本の少子高齢化は前者が少なくなり、後者が多くなることを意味するので、財政の赤字が増加するのであり、まさに日本の年金制度がこの問題で悩んでいる。

もう一つ保険方式の持つ特色（欠点といってよい）は、保険料を拠出するのは現役世代だけであり、引退世代は給付を受けるだけで保険料の拠出をしていないことにある。これも年金財政を赤字にする要因になりうる。

これら二つの特色を持つ保険料方式から、財政運営方式を消費税を中心にした税方式に転換することによって、それら二つの問題を克服できる可能性を高めることができる。なぜならば、消費税の負担は現役世代でも引退世代でも同等になされるので、どちらか一方のみ保険料を拠出することによって生じる難点を除去できるメリットがある。なぜなら消費税は物品・サービスを購入するすべての国民が負担する税だからである。高齢者の負担をも求めるし、若年・中年者の保険料負担をこれまでは若年・中年層だけに求めていたので、これらの人々の負担額を和らげることは確実である。本書で議論した世代間格差、あるいは抗争をかなりの程度にわたって緩和することが可能なのが消費税方式なのである。

では消費税ではなく同じ税方式による所得税ではどうか、という主張もありえよう。所得税も主として、現役で働く人の賃金・所得に課税される割合が高いので、現役で保険料を払っていた人と同じ問題が所得税においても発生する。すなわち財政負担をするのは主として現役で稼いでいる人だけだからである。

現在の日本における社会保障給付の財源は主として保険料収入をそれに充てる保険料方式であ

るが、税収も相当額投入されているので、折衷方式と呼んだ方がよい。ここでの筆者の案は折衷方式を税中心の方式に変更するのがよい、ということになる。その税方式においても、所得税や法人税ではなく消費税で賄うのである。この方式で社会保障を運営しているのは、既に述べたことでもあるが、福祉国家の典型であるデンマークが代表である。ちなみにもう一つの福祉国家であるスウェーデンは税方式ではなく、保険料方式とみなしてよいので、福祉国家でも税方式と保険料方式の違いがあるといえる。

所得税や法人税といった直接税や社会保険料は人々の勤労意欲や貯蓄動機にマイナスの効果があるし、企業の投資意欲にもマイナスの効果がある。一方、消費税という間接税はこれらに関して中立である。

なぜ筆者が消費税方式を好むかといえば、本章で強調した世代間格差や世代間抗争の是正に大いに役立つことに加えて、他の要因もある。例えば、労働と資本といった資源配分に中立なので経済効率化にとってマイナス効果となりえないことがある。ここで述べたことは優れて経済学的なことなので、ここでは詳述しない。関心のある方は橘木（二〇〇五、二〇一〇）を参照されたい。

最後に、消費税による社会保障給付の財源調達にする案を導入するに際して、二つのことを付言しておこう。第一に、保険方式から税方式への移行は、かなりの時間をかけて行う必要がある。移行によって、人々の間に損得の発生することは避けられないので、全ての世代の人に満足してもらう制度にするには、周到な実施計画の策定と、実施にあたっても一〇年以上、あるいは二〇年以上かけて制度の変更をゆっくりと慎重に行うことが期待される。

第二に、消費税は経済効率の達成には寄与するが、分配の平等に関しては逆進性があるので、公平性の観点から問題のあることは事実である。この逆進性を排除するために、例えば生活必需品の軽減税率の導入と強化、あるいは給付つき税額控除制といった対策が同時に導入されねばならないことを強調しておこう。

こうした老年にいずれはなるすべての世代における格差を、時間をかけてでも是正していくことが、老老格差の状況を是正する道なのだ。

おわりに

これまで筆者は様々な格差問題に取り組んできた。所得・資産格差は言うにおよばず、教育、雇用、社会保障、女性や夫婦の間の格差、そして概念としての結果の格差と機会の格差の違い、などであった。今回は老老格差である。

筆者個人が前期高齢者なので、執筆をしながら「自分の立場だからこう考えるな」「自分だったら損するな、得するな」といった身につまされたことが頭に浮かばなかったといえばウソになる。しかし自己のことは無視して、すべての年代の人にとって好ましい社会になるように、という希望の下に本書を書いたつもりである。

本書を読まれた方の印象として、橘木はできるだけ公平性を大切にしたいと希望する人物ではないか、と思われたならそれは当たっている。特に高齢単身者で貧困で苦しむ人への思いは格別で、社会はこういう人を排除しないような制度と政策を採用すべきと主張した。

とはいえ、その政策の実行のためには資金が必要であるし、誰かがそれを負担せねばならない。経済がダメになってしまってはその負担ができなくなるので、経済効率性と両立するような政策の必要性を説いた。本書ではその具体策を一〇〇％検討し切れていないので、同時期に出版された拙著『21世紀日本の格差』（岩波書店、二〇一六年）を参照して、補完していただければ幸いである。

最後に、本書の出版を勧められ、見事な編集作業をされた青土社の菱沼達也氏に心から感謝したい。とはいえ本書に含まれているかもしれない誤謬と、判断や主張に関することは筆者の責任である。

二〇一六年三月三日

橘木俊詔

参考文献

アトキンソン、A（二〇一五）『21世紀の不平等』東洋経済新報社

安藤道人（二〇〇八）「介護給付水準と介護保険料の地域差の実証分析」『季刊社会保障研究』vol.44, pp.94-109

大塚耕太郎・酒井明夫・智田文隆・中山秀樹・内藤光一（二〇〇六）「高齢者の孤独と自殺」DP二〇〇六の四

荻野博司（二〇〇四）「事業主負担のあり方を考える」『朝日総研レポート』第一七二号・第一七三号

厚生労働省（二〇一二）「被保護母子世帯における世代間連鎖と生活上の問題」資料

駒村康平（二〇〇九）『大貧困社会』角川SSC新書

澤渡夏代ブラント（二〇〇九）『デンマークの高齢者が世界一幸せなわけ』大月書店

新堂精士（二〇〇五）「所得階級別の貯蓄率」富士通研究所研究レポートNo.244

鈴木亘（二〇〇八）「医療と生活保護」阿部彩・国枝繁樹・鈴木亘・林正義著『生活保護の経済分析』東京大学出版会、第五章、pp.147-171

橘木俊詔（一九九七）『ライフサイクルの経済学』ちくま新書

橘木俊詔（一九九八）『日本の経済格差』岩波新書

橘木俊詔（二〇〇五）『消費税15%による年金改革』東洋経済新報社

橘木俊詔（二〇〇六）『格差社会』岩波新書

橘木俊詔（二〇一〇）『安心の社会保障改革』東洋経済新報社

橘木俊詔（二〇一一）『無縁社会の正体　血縁・地縁・社縁はいかに崩壊したか』PHP研究所

橘木俊詔（二〇一三）『「幸せ」の経済学』岩波書店

橘木俊詔（二〇一五）『日本人と経済』東洋経済新報社

橘木俊詔（二〇一五）『貧困大国ニッポンの課題』人文書院

橘木俊詔（二〇一六）『21世紀　日本の格差』岩波書店

橘木俊詔・浦川邦夫（二〇〇六）『日本の貧困研究』東京大学出版会

橘木俊詔・迫田さやか（二〇一三）『夫婦格差社会』中公新書

橘木俊詔・迫田さやか（二〇一六）『離婚の経済学』講談社現代新書（近刊）

橘木俊詔・森剛志（二〇〇五）『日本のお金持ち研究1』日本経済新聞出版社

橘木俊詔・森剛志（二〇〇九）『日本のお金持ち研究2』日本経済新聞出版社

田辺和俊・鈴木孝弘（二〇一五）「平均寿命および健康寿命の都道府県格差の解析」『季刊　社会保障研究』vol.51 No.2, pp.198-210

張賢徳・中原理佳（二〇一二）「高齢者の自殺」『日本老年医学会誌』vol.49, pp.547-554

ディートン、A（二〇一四）『大脱出』松本裕訳　みすず書房

デュルケム、E（一九八五）『自殺論』宮島喬訳　中央文庫

野村総合研究所（二〇一一）『相続に関する実態調査』News Release

野村総合研究所（二〇一五）『プライベートバンキング戦略』報告書『富裕層アンケート調査』

ピケティ、T（二〇一四）『21世紀の資本』みすず書房

フライ、ブルーノ、S（二〇一二）『幸福度をはかる経済学』白石小百合訳、NTT出版〈Frey, Bruno,S (2008)『Happiness：A Revolution in Economics』MIT Press〉

宮本顕二・宮本礼子（二〇一五）『欧米に寝たきり老人はいない――自分で決める人生最後の医療』中央公論新社

罇《もたい》淳子（二〇一三）「老人に医療の都道府県格差に及ぼす要因の検討」『新潟青陵学会誌』第六巻第一号、pp.1-11

Tachibanaki.T and Takata,S（一九九四）「Bequests and Asset Distribution」T,Tachibanaki ed.『Savings and Bequests』University of Michigan Press

YUCASEE（二〇一四）「超富裕層人口」レポート

著者　橘木俊詔（たちばなき・としあき）

1943年兵庫県生まれ。京都大学名誉教授。京都女子大学客員教授。小樽商科大学商学部卒業。大阪大学大学院修士課程修了。ジョンズ・ホプキンス大学大学院博士課程修了（Ph.D.）。フランス、アメリカ、イギリス、ドイツでの研究職・教育職、京都大学教授、同志社大学教授などを歴任。専門は労働経済学。著書に『女女格差』、『日本人と経済』（いずれも東洋経済新報社）、『日本の教育格差』（岩波新書）、『「幸せ」の経済学』（岩波書店）、『愛と経済のバトルロイヤル』（佐伯順子氏との共著、青土社）など多数。

老老格差

2016年 4 月 25 日　第 1 刷印刷
2016年 5 月 10 日　第 1 刷発行

著者――橘木俊詔

発行人――清水一人
発行所――青土社
〒101-0051　東京都千代田区神田神保町 1-29　市瀬ビル
［電話］03-3291-9831（編集）　03-3294-7829（営業）
［振替］00190-7-192955

印刷所――双文社印刷（本文）
　　　　方英社（カバー・扉・表紙）
製本所――小泉製本

装幀――桂川潤

ISBN978-4-7917-6928-5 C0030